청소년을 위한

영화감독이
되는 길

DIRECTOR

이 도서는 한국출판문화산업진흥원 2018년 우수출판콘텐츠 제작
지원 사업 선정작입니다.

청소년을 위한
영화감독이 되는 길

Director

ⓒ민병훈

초판 1쇄 발행 2018년 9월 9일
초판 2쇄 발행 2021년 10월 5일

글 민병훈

펴낸곳 도서출판 가쎄 [제 302-2005-00062호]

주소 서울 용산구 이촌로 224, 609
전화 070. 7553. 1783 / 팩스 02. 749. 6911
ISBN 978-89-93489-76-7
값 13,800 원

www.gasse.co.kr
berlin@gasse.co.kr

청소년을 위한

—

영화감독이
되는 길

Director

민병훈 지음

gasse・가쎄

차례

—

서문

—

音

틈, 인생을 살면서 생기는 틈입니다.

틈, 그건 허기 같은 것일 수 있습니다.

때론 허기를 참고 견뎌보면 뱃속이 편안해지면서 머리가 맑아집니다.

틈이란 비우고 있을 수 있는 기회입니다.

그것을 다루는 능력이 생겼을 때 틈은 관계를 더욱 견고하게 만들어 줍니다.

나와 세상, 타자와의 관계에 완충작용을 해주는 것이 틈입니다.

'틈이 생길 때마다 그걸 메우려고 들지 마라' 라는 충고가 있습니다.

우리들의 본질은 틈을 그냥 두지 못합니다.

스스로 그 틈을 견딜힘이 없어서입니다.

쉼 없이 확인하려 들고 조금의 지루함도 견디지 못합니다.

무언가로 끊임없이 메워야만 만족합니다.

정이 많아서 그렇다고 볼 수 있지만 그건 허상이고

내면의 허약함이 드러나는 감정 자체를 두려워하는 사람으로 만들어 놓았습니다.

사실 영화를 공부하겠다고 덤볐을 때 큰 목표란 없었습니다.
그냥 내 인생이 약간은 더 풍요롭지 않을까 정도였습니다.
그리고 환상 같은 게 없다고는 볼 수 없었는데 그것 또한 나쁘지 않다고 생각했습니다.

솔직히 청소년들에게 미안하고 부끄럽습니다.
부록에 지나지 않았던 생각들,
누군가의 말처럼 영화는 감독의 뇌 구조와 같은 것일지도 모르겠습니다.

우리는 커다란 힘을 축적한 채 어느 지점에 도달해야 합니다.
타인의 배에 올라타기도 하며 과거의 물결을 거슬러 올라가 바라보는 사람과 세상.
날카로운 듯하면서도 연민 어린 눈동자가 자연스러운

능선을 그립니다.

그것은 예컨대 바로 지금 이 순간을 살아야 한다는 말입니다.

세상은 읽히거나 설명되는 곳이 아닙니다.

다만 살아낼 수밖에 없는 전쟁터라는 표현이 더 어울릴지도 모릅니다.

그래서인지 저는 영화 보기를 좋아합니다.

영화라는 '허구' 속에 나타나는 삶의 '진실' 들에 위로받고 감동을 받습니다.

재미 또한 덤으로 얻을 수 있습니다.

하지만 저는 영화 속 인물들과 나를 연관시키려 하지 않으려 합니다.

어떤 것도 저절로 그냥 만들어지거나 이루어지는 것은 없는 법이니까요.

불행 또한 마찬가지입니다.

사람들은 말합니다.

불행이 찾아오는 것을 알지 못한다고.

불행이 찾아오고 나서야, 그것이 할퀴고 간 상처를 본 뒤에야 그것을 깨닫게 된다고.

때로는 사실보다 거짓이 진실에 더 가까울 수 있습니다.

사실은 있는 정황만을 설명하지만, 거짓은 인간의 감정, 생각이 개입되기 때문입니다.

그 생각은 자신의 진실을 위장하기 위해 거짓의 옷을 입고 있습니다.

그러니 우리는 진실을 알고 싶다면 거짓의 옷을 벗기면 됩니다.

그건 사실 속에서는 알 수 없는 진실입니다.

그러니 영화 속에서 발견되는 진실의 소리에 귀를 기울여야 합니다.

영화란 허구이며, 허구 속에서 진실을 추적해 가는 과정일 터이니 말입니다.

감독의 삶은 현실과 예술을 이분법적 사고로 나눌 필요가 없습니다.

예술 자체의 정체성을 말하고 자신의 생각이나 작업 방식을 붙들어 매는 것은 쓸데없는 노력입니다.

감독에게 있어서 스스로를 위한 미학적 차원의 배려는 현실의 규칙성을 발견하고 드러내는 것입니다. 예술가가 자기를 바라보는 기술은 그대로 자신의 작품 속에 투사되기 마련인데, 자신을 인식 대상으로 구축하는 대상화의 테크닉이 아니라 나를 넘어서서 인간의 외부세계에 영적인 원칙들을 가시화하는 윤리적 활성화의 테크닉인 것입니다.

이는 달리 말해 우리의 자아가 비가시적이고 심리적인 내면으로 인식된다고 하여 후퇴하는 진실과 관계 맺기를 거부해서는 안 된다는 말입니다. 영화감독은 사회적 관계 속에서 정치적 외부성과 결부된 그런 진실과 관계를 맺어야 하는 소명을 부여받은 셈입니다.

우리에게 선은 추구해야 하는 것이고, 악은 피해야 하는 도덕성을 기초하는 것이 중요한 게 아니라 진실을 따르고 거짓을 고발하는 윤리를 요청하는 것이 중요한 것입니다.

이는 오늘을 사는 감독에게 필요한 윤리적 요청이자 의무입니다.

—

1부. 영화 보기, 이렇게 하라

—

—

왜 예술영화는 버림받았는가?

왜 더 이상 예술영화는 소통하지 못하는가?

혹시 예술영화는 잘못된 길로 들어선 것은 아닌가?

– 언제나 예술영화를 봐라. Tip 중에서

—

1. 언제나 예술영화를 봐라

지금 영화가 비틀거립니다. 바닥에 너무 오래 엎드려 있었습니다. 예술영화의 쇠락은 영화의 승리가 아니라 문화의 황폐화를 초래합니다.

우리나라 예술영화가 실종되었다는 말이 나온 지도 벌써 10년이 넘었습니다. 대중들은 더 이상 비평에 기대지 않고, 신문은 평론가의 글을 싣는데 인색하며 '영화진흥위원회'와 같은 공공기관의 예술영화지원 사업은 아예 자취를 감췄습니다.

특이한 것은 예술영화의 실종 상태에도 불구하고 최근 영화 산업은 꾸준한 양적 성장을 유지하고 있다는 점입니다. 멀티플렉스로 중심축이 된 영화관은 끝없이 확산되고 또 다른 형태의 대안 상영 공간도 늘고 있으며 국제 영화제를 비롯한 크고 작은 영화제의 숫자도 꾸준히 늘고 있습니다.

이러한 영화판의 외적 풍요로움 속에서 동시대의 미학적 기준과 가치를 진단하는 예술 영화가 실종된 기현상을 설명하려다 보면 비단 영화에 국한된 것이 아니라 문학이나 미술, 그리고 음악 등 문화계 전체에 걸쳐 나타나고 있음을 통해 문제의 심각성을 인식하게 됩니다.

예술영화의 실종은 1990년대 중반 이후부터 본격화된 미디어 환경의 변화와 궤를 같이하고 있습니다. 우선 디지털 미디어가 생활의 중심에 똬리를 튼 사회에서 영화 애호가들이 원하는 것은 인문학적 기준이나 가치가 아니라 기호를 자극하는 '오락' 자체로 바뀌었기 때문입니다.

궁극적으로 예술영화의 실종은 21세기 들어 심화하는 인문학의 위기와 맥을 같이 합니다. 이른바 중심의 상실로 대변되는 포스트모더니즘이 지구촌을 덮는 보편적 정신 현상으로 대두되면서 영화 예술 역시 해체적 기류에 감염되어 무비판적 수용 현상이 강화되고 있다는 점입니다.

평론가들에게 주어졌던 비평과 분석의 지면이 사라지면서 드러나는 문제는 없을까요? 이른바 작품 해석과 비판을 위한 기준과 가치의 상실에서 한걸음 더 나아가 작품이 품고 있는 예술적 의미를 분별해내는 방법론과 그 개발 의지의 퇴화가 그것입니다.

영화 해석에 있어 비판적 시각이 결여된 눈은 이미 죽은 자의 눈입니다. 영화가 보여주는 이미지 망에 숨겨져 있는 의미의 체계를 볼 수 없기 때문입니다. 영화가 예술을 지나쳐 유희로 정착하고 안방을 장악하고 있는 현실이야말로 상대적으로 그 어느 때보다 비평가의 분석적 스펙트럼을 요구하고 있습니다.

비평의 눈이 실종된 영화는 소돔과 고모라의 사회와 다르지 않습니다. 비평에 기대하는 것은 그것이 사회적 기능을 지니고 있기 때문이며 사회의 성격에 대한 문화적 대응으로 나타날 수 있기 때문입니다.

우리는 텍스트화 된 정보만으로는 창조적 삶을 살아갈 수 없습니다. 더욱이 그 텍스트가 미디어를 통해 대중의 의식을 이끄는 권력으로 자리 잡은 현실은 우리에게 비평적 시각의 부활을 요청하고 있습니다.

우리가 예술에 거는 희망은 그것이 비평적 예술로 남아 있을 때 유지됩니다. 대중과 언론 그리고 '영화진흥위원회'와 같은 공공기관이 모두 예술영화 활성화에 애정과 지원을 아끼지 말아야 하는 이유가 여기에 있습니다.

감독은 영화에 영향을 받되 모방하지 않고 자신의 감각과 역량으로 재구성해야 합니다. 그러기에 영화감독이 되고자 한다면, 비록 그것을 추종하고 단지 꿈만 꾸는 중이라도 반드시 예술영화를 꾸준히 봐야 합니다.

관객들이 자신의 견해를 일방적으로 따르지 않기를 바라듯, 감독은 자신의 해석이나 추천을 추종하는 동조자가 아니라, 영화라는 취향의 동반자를 인정하고 함께 예술의 바다로 향해야 합니다.

영화는, 살아 있지 않다면 그것은 이미 영화가 아닙니다. 감독은 대상을 마음과 가슴으로 선택해 촬영해야 하며, 지금까지의 모든 경험을 바탕으로 셔터를 눌러 표현해야 합니다.

제가 만약 좋은 감독이라면 박스오피스 1위를 차지하는 영화를 만들기보다 누군가의 가슴을 움직이는 조용한 영화를 만들고 싶습니다. 그렇다면 그것만으로도 나는 내가 무엇을 하든, 거기에서 가치를 느끼게 될 것 같습니다.

사랑이 없다면 영화는 그 어떤 감정도 담을 수 없을지 모릅니다. 그 반대로 사랑을 통해서만 영화는 시대정신을 담을 수 있는 건지도 모르겠습니다.

사랑하는 자는 누구나 영원한 소녀이자 소년입니다. 영화는 망각과 혼란, 너무나 뜨거워서 수증기가 되어버린 욕망 가득한 사랑입니다. 영화는 이미지를 복제하고 보여주는 매체처럼 보이지만 그와 동시에 그것은 자기를 복제하는 장치이기도 합니다.

영화는 배열하고, 조립하는 것입니다. 하나의 프레임 속에 담기는 수많은 요소를 선택하여 배열하고, 이미지와 소리를 조합하고, 화면과 화면을 조립합니다. 그러나 조립된 수많은 요소들은 고정되지 않고 끊임없이 이미지의 흐름 속에서 달려나갑니다. 그렇게 자기의 속도와 방향을 갖고 나서야 비로소 말하기 시작합니다. 만일 영화가 이야기를 만들어내서 자기를 전달하지 못했다면 그 이미지는 매우 제한적인 의미밖에 갖지 못한 것입니다.

상상적 단계의 이미지와 소리는 대가를 치르고 상징적 단계인 이야기의 질서는 자기 내부 속으로 들어서는 것입니다. 영화가 그 스스로의 힘으로 살아남는다면 그것은 기존의 구도를 재편하여 새로운 정서를 창조해 내는 것입니다.

역설적으로 영화를 보고 난 다음에 할 수 있는 말이란 기억 속에 남겨진 이미지에 멋대로 혀를 내맡기는 일입니다. 만일 그것이 그저 일시적인 잡담거리라면 그대로 내버려 두어도 괜찮을 것입니다. 그러나 영화가 감독의 은밀한 내면의 고백을 담아내는 매우 소중한 장치이며, 그 속에 이야기를 만들어내는 수사학을 가지고 있다는 사실을 인정한다면 영화는 보기에는 쉽지만 설명하기는 어렵다는 말을 공감할 것입니다.

타르코프스키의 '희생'에서 집을 불 지르는 주인공의 선택은 우리를 괴롭힙니다. 키에슬로프스키의 '블루'에서 마지막 순간 미소 짓는 주인공의 의미가 우리를 불편하게 만듭니다. 앙겔로플로스의 '율리시즈의 시선'에서 필름을 보며 웃다가 우는 주인공의 눈에 무엇이 보이는지 알 길이 없는 우리는 그 표정을 통해 궁리해야만 합니다. 그것은 결코 감독들의 잘난 체가 아닙니다. 그들을 공감할 수 있는 사람들을 기다리는 것입니다.

모든 영화가 친절하기를 기대하는 것은 참으로 무례한 일입니다. 가장 많은 사람들이 이해할 수 있는 영화는 언제나 철저한 상업영화거나 아니면 무언가 정치적인 의도를 담은 프로파간다일 것입니다.

어떤 경우 검열을 피하기 위해 감독들은 점점 더 은밀해지거나 모호해지거나 합니다. 영화의 고백에 귀 기울이는 것은 그저 영화를 노려보는 것만으로는 부족합니다. 가장 중요한 것은 영화를 만들어 내는 감독의 머릿속으로 들어가 보는 것입니다. 영화의 구조는 감독의 뇌처럼 구조화되어 있다고 말한 지젝의 지적은 그런 의미에서 전적으로 옳습니다.

영화는 거대한 세포들의 집합체입니다. 모든 영화는 서로 다른 세포의 조직을 가지고 있으며 그들은 수많은 생명체들처럼 서로 다르게 진화하였습니다.

영화는 암호처럼 읽히지 않는 것과 마찬가지로 알 수 없는 미로 속으로 우리를 잡아 이끕니다. 우리들이 할 수 있는 일은 그 속에 들어가서 지도를 작성하는 것입니다. 그런데 이상하게도 우리들은 그런 지도를 그리는 일에 대해서 매우 난감해합니다. 가장 혼란스러운 순간은 바로 당신이 선택해야만 하는 그 시간입니다. 그것은 때로 도덕의 문제이기도 하고, 선악의 판단이기도 하고, 가치의 선택이기도 합니다. 더 이상 무엇이 두려운 걸까요?

예술영화 보기는 감독을 지향하는 당신에게 삶의 풍요로움과 지혜를 담아 줄 것입니다.

TIP

왜 예술영화는 버림받았는가? 왜 더 이상 예술영화는 소통하지 못하는가? 혹시 예술영화는 잘못된 길로 들어선 것은 아닌가? 우리는 재판관이 아니며, 해부학을 하는 의사는 더더구나 아니다. 혹은 진리를 말하려고 하는 것이 아니다. 결국 영화에서 예술영화란 무엇인가? …… 우리는 질문을 하기 위해 이 자리에 있는 것이지. 대답을 하거나 혹은 진단을 내리기 위해 있는 것이 아니다. 우리는 영화를 만드는 사람들과 사실상 영화라는 같은 한 울타리. 같은 법칙 안에 들어와 있다는 사실을 환기해야 한다. 그러므로 우리가 바깥에 있다고 생각하면 안 된다.

우리에게 필요한 것은 영화를 끊임없이 현실로 되돌려 주고, 그것이 제기한 영화가 아니라 그 영화를 만들어 낸 사회를 향해 질문하고, 그것이 그러해야 할 필연적인 역사의 과정 안에서 다시 생각하는 것이다. 영화가 펼쳐진 구조와 형식 안으로 들어가 대답을 들으려 할 때 그것은 심연 안으로 들어가는 것이다.

세심한 관객들이라면 영화를 보면서 자신만의 경험들이 쌓여 이른바 노하우라는 것이 생기게 될 것이다. 이 영화는 이렇게 보는 것이 좋고

저 영화는 저렇게 느끼는 것이 좋겠다는 자신만의 방법이 생기는 것이다. 하지만 영화를 무비판적이거나 의무적으로 보다 보면 이런 노하우들이 생기지 않는다. 어찌 보면 우리 인생과 영화가 똑같다. 살다가 느끼는 것들을 정리하고 그것에서 배우기를 반복하다 보면 자신만의 사는 방법, 이른바 가치관이 형성되지만 순간의 쾌락에 쏠려 이리저리 흘러 다니다 보면 자신만의 가치관을 얻지 못하고 망망대해에 표류하다 인생이라는 소중한 시간을 흩어 버리기 때문이다.

사물 하나 글 하나에 정성을 쏟아야 하는 이유가 이것 때문이다. 영화를 보고 한 장의 그림으로 요약해보자. 단, 여기에는 영화에서 사용되는 '핵심 주제'들이 들어가야 한다. 가능하다면 자기만의 이미지로 바꾸어 보는 것도 좋다. 그리고는 몇 번을 반복해서 다른 사람에게 설득하듯이 그것을 말해보자. 이 방법은 결과물을 남기는 좋은 방법 중 하나다. 이 과정에는 영화 보기, 글쓰기, 만들기, 발표하기, 논리 확장 같은 영화 보기의 다양한 과정들이 포함되어 있다. 영화 한 편이 자기만의 이미지와 체계를 통해 정리될 수 있다. 결국 좋은 영화 한 편을 온전히 자신의 것으로 표현해냈다는 자신감이 결과물로 마음에 쌓일 것이고 이러한 방법이 감독의 길로 안내해 줄 것이라 확신한다.

2. 영화를 보고 난 후 카메라를 통해 자신의 감상을 표현하라

카메라로 자신의 생각을 표현하는 일은 생각보다 쉽지 않습니다. 카메라를 손에 쥐고 무엇을 향해 렌즈를 향할 건지 완벽한 동기부여를 찾지 못한 상태라면 더더욱 그렇습니다. 카메라를 든 사람은 설령 그것이 단순한 연습일지라도 어떤 목표를 세우고 만족할만한 성과를 이루는데 집중해야 합니다. 그런 의미에서 한 편의 영화를 본 후의 감상문을 카메라로 표현해 보는 것은 아주 적합한 훈련법입니다.

"실력 있는 목수는 연장 탓을 하지 않는다." 이 말은 영화감독에게도 똑같이 해당되는 말입니다. 영화에서 감독과 카메라의 관계를 매우 밀접하고 유기적인 관계로 보는 것은 너무도 자연스러운 일입니다.

대개 낯익고 평범한 그래서 너무 자연스럽게 인식하고 마는 현실의 단편적인 이미지들도 영화 속으로 들어온 후에는 낯설고 기이한 매혹적인 특별한 것으로 보이기 마련입니다. 낯익은 현실을 낯설게 보이도록 하는 것, 이 것이 영화가 만들어 내는 기이함이고, 영화라는 매체가 지닌 매력이죠.

그런데 여기에 역전 현상 또한 존재합니다. 현실을 영화가 뒤덮고 있고 사람들은 영화에 익숙해지면서, 사방을 둘러싼 흔하디흔한 영화들에 더 이상 주의를 기울이지 않는 것입니다. 실상 주의를 기울일 이유도 없고 그러기엔 영화가 너무 많기 때문입니다. 그러니 설령 낯설고 기이한 그러나 매혹적인 현실의 장면마저도 반대로 영화 속에선 낯익고 평범한 그래서 재미없는 것으로 보이기도 합니다.

급기야 영화는 낯익고 현실이 낯설게 보입니다. 더욱 낯설고 기이한 그러나 매혹적인 상황을 담은 영화들이 날로 늘어나는 것은 바로 이 때문일 것입니다.

어두컴컴한 내 공간 안에 있는 물건들을 바라봅니다. 창너머에서 들어오는 빛으로 조명된 낯선 감정의 과잉 상태가 끊임없이 지속되는 상황이라면 인간은 무엇을 갈구할까요?

가벼운 상상은 낡고 허름해진 집이라는 공간, 그 안에 포함되어 있는 역시 낡은 대상들 그리고 밖에서 들어오는 작은 양의 빛이 함께 만들어낸 익숙한 분위기를 바라보는 데서 시작됩니다. 벽지의 얼룩이나 찢어진 흔적, 장판의 갈라진 틈, 먼지와 머리카락처럼 반복적으로 쌓이고 무심하게 널려있는 것들, 세탁소 옷걸이처럼 버리고 싶어도 사용하게 되는 사물 등이 그 대상이 됩니다.

이렇게 낡고 버리고 싶은 대상을 일상적으로 바라보는 시간이 길어질수록 조금은 기이하게 변형되고, 일그러지는 공간과 대상의 환영이 느껴집니다. 이 순간이 바로 새로운 상상을 품게 하고, 그 상상 그대로를 이미지화할 수 있습니다.

요컨대 지금 나의 감정과 상태를 카메라를 통해 표현해야 나의 현실과 내가 꿈꾸는 작은 상상 모두를 볼 수 있는 것입니다. 카메라 작업을 통해 현실을 벗어나고자 하는 내 욕망을 들여다봅니다. 욕망은 일상에서 환영처럼 불쑥 등장하기도 하고, 때로는 사물에 투사되어 비현실적 상상에 빠지게 합니다. 이를 포착하고 이미지화하는 작업은 조금은 벅찬 현실의 무게를 가볍게 만들어 주는 치유의 과정이며, 현재의 내 모습을 보여주고 표현하는 것이라 할 수 있습니다.

가끔 잠 못 드는 밤이 있습니다. 잠에서 문득 깨어나면 마치 처음 와본 장소에 홀로 떨어져 있는 듯한 낯선 느낌을 받을 때가 있습니다. 한밤중에 잠을 깨 어두운 방 안을 두리번거립니다. 차가운 벽을 손으로 만져봅니다. 벽이 느껴지고, 벽을 만지는 내가 느껴집니다. 침대, 시계,

창문 이 모든 걸 확인하고, 여기가 내 방인지 확인하는 나까지 천천히 확인하고도, 나 자신의 존재가 낯설게 느껴지는 순간이 있습니다. 지금 여기에 내가 존재한다는 소름이 돋도록 생경한 느낌.

환상적인 리얼리티, 내가 지금 여기 존재한다는 사실. 이 생생한 현실, 한밤중 문득 잠에서 깨어 '생생한 나'를 느끼듯이 수 없이 마주친 일상이 어느 순간 생경함으로 자신의 존재를 드러낼 때가 있습니다. 그 찰나의 순간에 새로운 우주가 열립니다. 그러기에 반드시 담아야 하는 순간입니다.

우리는 일상 속에서 여행을 떠나듯 그 순간을 카메라로 기록해야 합니다. 여행이 그렇듯, 삶이 그렇듯, 기다리고 만나고 떠나는 순간이 중요합니다. 카메라는 기행문의 일부이고, 나를 위한 일기입니다.

TIP

카메라를 통해 세상의 속살을 들여다보기도 하지만 나를 돌아봐야 한다. 디지털의 빠른 발전은 이제 필름 시대에 종지부를 찍었다. 필름 못지않은 표현력을 가진 카메라가 등장한 것은 물론, 이제는 전문가가 아닌 사람들도 구매할 수 있는 가격 경쟁력까지 갖추었다. 입문자들도 필름보다는 디지털 기기를 통해 공부하는 것이 당연하게 되었다.

디지털이라는 매체는 액정이나 모니터를 통해 결과물을 바로바로 보여줄 수 있고 얼마를 찍든 간에 비용 발생은 크지 않다. 이런 장점은 오히려 입문자에게는 손실이 되기도 한다. 모니터를 보며 카메라를 이리저리 만지다가 적당하다 싶으면 바로 REC 버튼을 눌러버리는 버릇이 생기는 것이다. 보이는 것을 보이는 대로 찍는 일은 디지털 시대에는 어렵지 않은 일이다. 그러나 반대로 원하는 분위기의 장면을 만들어 내기 위해서는 기초적인 영상 지식이 반드시 필요하다. 이것이 부족한 것이 요즘 입문자들의 경향인 듯싶다. 스스로 원하는 영상을 만들 수 있도록 이론적인 배경을 숙지하고 노력해야 한다.

3. 자신만의 카페를 만들어라

영화감독은 막연하게 영화를 보고 영화를 만드는 사람이 아닙니다. 도전하고 공부하며 세상의 모든 사건과 활동에 관심을 가져야 하는 사람입니다. 시간은 없고 공부해야 할 분량은 많습니다. 그렇다면 체계적으로 공부를 시작해야 합니다.

곧바로 인터넷 카페를 개설합니다. 카페의 주인은 바로 자신이고 고객 또한 나 자신이면 충분합니다. 다른 사람 눈치 볼 이유 없이 자신만의 카페를 만들어 편하게 입장하면 됩니다.

자, 그럼 이제 여러 아이템으로 세분화된 방을 만들어 봅시다. 세분화시키면 시킬수록 좋습니다.

평소 독서량이 부족해 문학 능력이 부족하다고 생각된 다면 문학의 방을 만듭니다. 평소 읽어야 할 책들이 쌓여만 있겠죠. 걱정할 필요 없습니다. 천천히 시간을 나누고 소비하면서 문학의 방을 통해 책을 읽고 글을 쓰면 됩니다.

우선 꼭 읽고 싶었던 책 100선을 정하십시오. 아마 꽤나 흥미롭고 진지한 고민을 하게 될 겁니다. 그리고 다시 읽고 싶은 책 100선도 추가하십시오. 100선을 꼭 한 번에 채울 필요는 없습니다. 그러나 리스트를 채우는 일은 완성될 때까지 멈춰선 안 됩니다.

그리고 매주 요일과 시간을 정해 천천히 음미하듯 즐기면 됩니다. 이와 같은 방법으로 음악, 미술, 영화, 건축, 무용, 연극, 철학 등을 공부하면 됩니다. 적어도 일주일에 한 번씩 전 분야를 체크하고 뾰족하게 날 선 감정으로 마주해야 합니다.

축적은 오래 걸리지 않습니다. 축적되면 축적될수록 스스로 아이템과 아이디어가 놀라운 수준으로 발전된다는 걸 알게 될 것입니다. 시간은 빠르게 흘러갑니다. 시간을 흘려보내지 말고 정직하게 붙잡아야 합니다.

처음 접하는 분들은 한동안 자신의 머릿속이 뒤죽박죽 될 수도 있습니다. 이게 뭐 하는 것인가 멜랑꼴리한 기분을 느낄 수도 있습니다. 하지만 조금씩 견디고 익숙해지면 자신도 모르는 사이 진득한 내공이 쌓이게 됨을 느낄수 있을 것입니다.

이전에 영화를 보면서 단편적으로 감상하고 느꼈던 것이 좀 더 여러 방향으로 해석하고 분석될 수 있다는 사실에 본인도 놀라게 될 것입니다. 시간이 흐르면 이 방법은 습관이 되어 이것만으로는 부족하다는 기분이 들 것입니다.

그러니 보다 중요한 행위를 기억해야 합니다. 바로 삶과 영화의 현장과 직접 체험해보는 실습이 그것입니다. 즉 밖으로 많이 나가 현장을 느끼고 경험해야 합니다. 좋은 공연과 음악, 미술을 직접 보고 느껴야 합니다. 이 방법은 책상머리에 앉아 공부하는 것보다 1000배는 더 위력이 있습니다. 실습과 현장만큼 위대한 공부는 없는 법이니까요.

그럼 먼저 나만의 카페를 통해 영화감독의 길로 한 걸음을 떼어 보시길 바랍니다.

TIP

영화와 철학, 문학, 신학 그리고 서사

영화 〈베를린 천사의 시. 1987〉에는 각본을 쓴 페터 한트케가 발터 벤야민의 역사 철학을 정교하게 깔아 놓았다. 인류 역사상 가장 커다란 죄 가운데 하나를 저지른 독일이 오늘날 가장 바람직한 국가 가운데 하나를 이루며 살고 있다. 이것이 가능했던 까닭은 영화 속에서 나타나는 독일인들의 역사 인식을 통해서다.

예술에 순위를 매기는 것이 무의미하긴 하지만 아무튼 첫손가락에 꼽히는 소설가 톨스토이는 〈안나 카레리나〉를 쓰면서 일종의 회심을 겪은 후, 더 이상 예술가가 아니라 농민들과 함께 초기 기독교적인 삶을 실천하면서 인류 교사의 길로 나아간다.

영화 철학자 잉마르 베리만의 영화들은 영화를 공부하려는 사람들에게 넘어야 할 산이다. 베리만 영화의 전체를 꿰뚫는 관건은 그의 신관, 그가 신을 어떻게 생각했는가 하는 점은 매우 흥미롭고 중요하다. 중기 영화 〈겨울빛. 1963〉, 후기 영화 〈가을 소나타. 1978〉를 중심으로 베리만의 주요 영화들은 신에 관한 영화들이다. 〈겨울빛. 1963〉은 〈거울 속에서 어렴풋이), 〈침묵〉과 더불어 소위 베리만의 '신의 침묵 3부작' 중 하나다. 〈가을 소나타. 1978〉는 모녀의 갈등과 화해에 관한 영화이기도 하지만 베리만이 초 중기 영화들에서 문제 삼았던 신의 침묵 문제에 대한 답을 알레고리적으로 드러낸 작품이기도 하다. 우리는 수많은 현실 속에서 신의 침묵을 목도했고, 목도하고 있다. 베리만이 신의 침묵에 대해 내린 답을 통해 그의 영화 전체를 이해하는 길도 찾으면 좋을 것이다.

우리는 생각도 말도 이야기로 한다. 이야기는 학문이 되어야 한다. 서양의 대표적인 고전들 속에서 반복되는 모티브와 캐릭터 등을 통해서 이야기가 역사를 지니고 축적되어 오고 있다.

신화 속 신들의 이야기는 서사를 거치며 영웅들의 이야기로 비극을 거치며 인간들의 이야기로 내려온다. 신화는 옛사람들의 생각을 이해하는 데도 지금의 서양 문명을 이해하는 데도 중요하지만 이야기 공부의 첫 출발점이기 때문에 반드시 공부해야 한다. 영화와 원작과의 차이를 살펴보며 신화의 세계로 입문하기를 권한다.

영화는 보여주는 이야기이다. 이야기는 곧 인문학이다.
인문학은 문학과 사학과 철학. 흔히 문사철로 이루어져 있다고 한다. 인간이 어떻게 생각해 왔는가가 철학이라면 인간이 어떻게 살아왔는가가 사학이다.

문학은 인간이 어떻게 생각하고 살아왔는가를 글로 된 이야기 속에 담은 것이다. 이야기는 20세기를 지나며 온갖 매체 속에 담기고 있다.

현대의 예언자는 이야기꾼이다. 이야기를 순서대로 그리고 매체의 속성까지 제대로 공부한 이야기꾼 말이다.

4. 끊임없이 질문하라

"질문은 우리들의 시작이다. 나는 지치지 않고 몇 번이고 이 자리로 되돌아올 것이다."

트뤼포는 다음과 같이 말했습니다.

"영화광이 되는 데에는 세 가지 단계가 있어.

첫 번째, 한번 본 영화를 다시 한 번 보는 거야.

두 번째, 이번에는 두 번 본 그 영화를 글로 써보는 거지.

세 번째, 영화를 보고, 썼으면, 이제는 직접 영화를 찍어보는 거야."

영화를 가슴에 품은 사람이라면 누구나 알고 있는, 선언과도 같은 이 유명한 이야기를 명심해야 합니다. 제가 생각하는 좋은 영화는 결국 질문하는 영화입니다.

"뛰어난 재능을 가진 사람은 얼마든지 있다. 그러나 사물을 바라보는 특별한 방법을 가진 작가, 또한 그러한 방법을 아름답게 표현할 수 있는 능력을 가진 작가는 좀처럼 없다."

– 레이먼드 카버

'영화를 바라보는 특별한 방법들, 그러한 방법을 아름답게(나의 언어로) 표현할 수 있는 것'에 대해 치열하게 탐구해야 합니다. 즉 영화를 만들기 위해 가장 필요한 영화적 상상력과 질문은 매우 중요합니다.

영화를 만들 때 가장 큰 고민은 나를 사로잡고 있는 주제를 어떻게 나의 언어로, 이미지로 표현할 것인가입니다. 그런 고민의 과정을 걸을 때 다른 예술가들의 작품을 참고하는 것은 매우 중요합니다.

우리는 영화는 물론 미술, 애니메이션, 시, 소설 등 다양한 인접 장르의 예술작품 읽기를 통해 영화적으로 말하기, 특히 모방이 불가능한 진실한 언어로 말하기에 대해서 고민해야 합니다.

영화를 만드는 사람은 그 질문을 견뎌야 하고 대답해야 합니다. 영화가 던지는 질문에 지금도 어디선가 영화를 보고, 쓰고, 찍고 있는 사람들이 있다는 걸 명심하십시오.

자신만의 대답을 찾기 위해서는 먼저 질문해보는 것도 좋은 방법입니다. 어떤 영화는 어떤 질문에 대한 답을 갖고 있으니 말입니다.

영화는 줌인 zoom-in과 줌아웃 zoom-out이 있는 장르입니다. 이는 영화가 주로 시각적 감각에 의존한다는 것과 이를 통해 선택과 배제를 분명히 하라는 것을 의미합니다. 그러므로 영화는 창작자의 세계관이 무척 뚜렷하게 드러나는 예술이라고 할 수 있습니다.

영화의 또 다른 특징 중 하나는 한정된 시간 안에 다수의 사람을 상대하는 대중매체라는 점입니다. 그렇기 때문에 영화는 주제와 무관하게 무척 예민한 감각으로 동시대성을 반영하게 되며 그 메시지를 강렬하게 전달하고자 노력합니다. 이때 드러나는 맥락과 사회성의 반영은 창작자의 의도이기도 하지만 또한 창작자의 무의식적 반영이어서 의도하지 않았으나 드러나는 것이 되기도 합니다.

그렇기 때문에 영화는 편안한 의자에 앉아 빛의 변화에 따라 움직이는 것들을 구경하는 킬링 타임 killing time 용으로 쓰이기도 하지만, 그렇지 않겠다고 생각한다면 보이는 것 외에도 정말 많은 것을 발견할 수 있는 매체이기도 합니다.

어떻게 보느냐를 선택할 것인가는 관객의 마음입니다.

일상에 지쳐 즐거움을 찾고자 한다면 전자를 택해도 좋을 것입니다. 하지만, 할 수 있다면 영화 너머 세계를 보는 것이 바람직하지 않을까 생각합니다.

세계는 보이는 것과 보이지 않는 다른 면을 가지고 있으며, 그 내면을 들여다볼 줄 아는 사람이 더 분명한 관점을 가지고 이 세상을 남다르게 살아가기 때문입니다. 그것이 올바른 가치관을 성립해 나가야 하는 청소년이라면 더욱 그러할 것입니다.

앞서 말한 것처럼 영화는 더욱 분명하게 세계의 이면을 드러냅니다. 그런데 그 이면은 쉽게 볼 수 있는 것이 아닙니다. 도대체 이면(裡面)은 어떻게 보는 것일까요. 그런 것이 과연 있기나 한 걸까요.

보이지 않는 측면을 볼 수 있는 가장 효과적인 태도는 바로 삐딱하게 보는 습관입니다. 농담이 아니라 영화를 영화로만 생각하지 않는 마음가짐이 오히려 영화를 더 구석구석 들여다볼 수 있게 합니다. 영화가 반영하고 있는 사회상, 인간의 생각과 태도 속에 녹아 있는 인간의 본능에 우리는 주목해야 합니다.

영화 속 배경과 인물, 주제에 대해 '삐딱한' 질문들을 떠올리고, 나의 지식과 경험을 통해 맥락과 의미를 밝혀가는 것이 창조적으로 영화를 읽는 방법입니다.

좋은 영화, 좋은 생각의 지름길은 없습니다. 다만 빤히 들여다보고 오래 생각하고 남들이 보지 않는 측면에 호기심을 갖는 것이 전부입니다. 경직된 사고는 창조적일 수 없기 때문에 우리가 본 것들을 무조건 믿어서는 안 되고 의심이 필요합니다. 그것이 정말 내가 한 생각인지, 혹시 누군가의 생각을 앵무새처럼 따라 하고 있는 것은 아닌지.

의심이 시작되면 당연한 것들이 하나둘 사라지고 진짜 질문들이 남기 시작합니다. 내가 왜 이런 생각을 하게 되었을까? 물음을 던지고 다시 생각해보는 계기를 영화를 통해 만들었다면, 이제 처음부터 다시 질문해야 합니다.

다른 결과가 나왔다고 해도, 그건 스스로 생각해낸 결과이기 때문에 온전히 자신만의 생각이라고 할 수 있습니다. 앞서 관찰하고, 생각하고, 의문을 갖는 것, 이것이 좋은 영화를 만드는 기본이라고 말한 것처럼 좋은 영화는 누가 알려주는 것이 아닙니다.

다른 생각을 하는 것, 그것이 핵심입니다.

TIP

흔히들 영화를 일컬어 대중매체, 대중문화라고들 말한다. 대중문화는
어떤 면에서 통속적이라는 의미를 내포하고 있다. 이 통속성은 대중들
의 욕구를 만족시키는 기능으로서의 문화를 가리킨다. 하지만 한편 통
속성에는 당대 그것을 즐기고 소비하는 대중들의 욕망이 무엇인지를
잘 보여주는 잣대도 포함되어 있다. 어떤 영화가 성공을 거둔다면 그것
은 우선 사회학적 사건이다. 영화의 질 문제는 부차적인 것이 된다.

세월이 흐르고, 세상이 변함에도 불구하고 반복적으로 선택되는 주제
들이 있다. 가령, 가족이나 환경, 기억과 진실, 소수자 문제 같은 것들이
다. 가족은 시간의 흐름에 따라 그 양상과 의미가 달라진다. 대가족이
보편적 가족 제도였다가 핵가족이 보편화되기도 한다든가 고작 10년
전만 해도 그다지 큰 문제로 여겨지지 않던 다문화 가정이 새로운 가
족 형태로 떠오르기도 한다. 대단한 사건으로 취급되던 '이혼'이 흔한
사건으로 여겨지는 이유도 유사하다.

영화는 인류가 지니고 있는 보편적 상황과 문제가 시간에 따라 어떻게
달라지고 있는지 잘 보여준다. 때로 어떤 감독들은 선언문처럼 영화를

이용하기도 하지만 어떤 영화들은 감독의 의도 이상으로 당대 사회의 어떤 점을 비춰주곤 한다. 보편적 문제와 그것을 비추는 영화를 통해 우리는 지금 이곳, 우리 삶의 좌표를 확인할 수 있다.

5. 미친 듯 글을 써라

영화제작의 전 과정을 통해 감독은 수많은 선택의 순간과 마주하게 됩니다. 훌륭한 시나리오와 멋진 아이디어를 가지고 있으면서도 그것을 체계적으로 시각화하는데 어려움을 느끼는 경우도 많습니다.

또 모든 준비를 철저히 했다 하더라도 현장에서 예상치 못한 변수를 만나 물러서고 타협하다 보면 어느 순간 편집실에서 머리를 쥐어뜯으며 후회하는 자신을 발견하기도 합니다.

감독은 연출 이론이나 미학적인 접근보다는 그 이후에 맞게 되는 상황에서 마주하게 되는 현실적인 고민들을 풀어낼 줄 아는 사람이어야 합니다. 연출 의도에 맞는 최적의 선택을 효율적으로 찾아내고, 제작 과정에서 마주치는 여러 가지 문제들을 미리 예견하고 시행착오와 실수를 줄이는 방법을 알아야 합니다.

그러려면 어떻게 해야 할까요.
우선 글을 써야 합니다.
글로 이야기를 해야 합니다.
머릿속으로 글을 정리하는 동안 이야기는 시작되고 보이지 않았던 문제들은 희미하게 수면으로 드러날 것입니다.

좋은 영화나 좋은 글은 나이를 먹지 않습니다. 아이처럼 본능적이고 어른과 같은 사유를 담고서 평생의 시간을 머금고 삽니다.

머릿속에 트리트먼트로 옮길 만한 생각들이 쌓여 있으면

꿈틀대지 말고 바로 써야 합니다. 하지만 간략한 이야기가 있어도 중요한 갈등에 대한 고민을 충분히 하지 않고 두루뭉술 적어둔 게 전부라면 글을 쓰기 시작했다 하더라도 결국 시놉시스에서 해결하지 못했던 그 지점에서 쓰다가 멈추게 될지도 모릅니다.

바로 이 지점이 생각을 해야 할 때입니다. 이 순간을 잘 넘겨야 합니다. 대부분 이 고비를 넘기지 못해 결국 시나리오를 완성하지 못하게 되고 꿈을 접는 경우가 참 많습니다. 역시 이 아이템은 맞지 않나 하면서 다른 걸 시작하게 되기도 합니다.

그런 이유에서 아직 본인만의 시나리오 쓰는 방법을 갖고 있지 않은 경우, 무턱대고 1신부터 쓰는 것보다는 트리트먼트 작업을 거친 후 시나리오로 들어가는 것이 끝까지 완주할 확률이 높습니다. 갈 길의 전략과 전술을 알고 시작하는 거니까요.

그다지 새로운 이야기는 아니지만 보는 내내 쫄깃했던

영화들은 관객들의 마음을 사로잡은 시나리오들입니다. 익숙한 설정과 구조 속에서 하나씩 던져지는 어떤 위반들이 '쫄깃함'을 만들어냅니다. 그러려면 그 위반을 위해서라도 '익숙함'에 대해서 잘 알아야 합니다.

이야기의 구조는 극적인 사건 속에 잘 숨겨 놓아야 합니다. 이야기가 시의적절한 감정 표현, 흥미진진한 폭로, 깊어지는 딜레마, 갈등, 서스펜스로 가득하면 관객은 이야기 구조를 굳이 해석하려 하지 않습니다. 관객이 내러티브에 집중하게 하면 됩니다.

보편적인 서사 구조의 패턴이 완전히 예측 가능한 공식으로 딱딱하게 굳어버리지만 않는다면 관객은 기꺼이 그것을 즐겨왔으며 앞으로도 계속 즐길 것입니다. 따라서 그 보편적인 서사 구조를 이해하는 것은 다수의 관객에게 어필하는 성공적 스토리를 향해 가는 지름길이 되는 것이죠.

빼어난 창조력은 읽기와 쓰기에서부터 시작합니다.

글쓰기는 능동성을 띤 일입니다. 그래서 글을 쓰면 창조성과 능동성 그리고 적극성을 맛보게 됩니다. 뛰어난 영화를 만든 감독이나 시나리오 작가는 대체로 빼어난 독서가였습니다. 빼어난 독서가였기에 영혼을 사로잡는 위대한 창작을 할 수 있었던 것입니다. 읽고 쓰는 과정에서 우리의 상상력과 창조성은 훌쩍 자라납니다.

독창적인 사유란, 다른 말로 하면 고정관념을 부숴버리고 자기만의 생각을 끝까지 밀고 나가는 힘을 말합니다. 사회적으로 널리 통용되고 있는 생각, 그러니까 통념 따위에 휘둘리지 않고, 설혹 그것이 이단적이거나 불온하더라도 충분한 근거를 바탕으로 자유롭게 펼쳐낼 때 남다른 글이 됩니다. 모든 견고한 것들에 맞서고, 이를 부수고자하는 열망에 사로잡힐 때 비로소 좋은 글을 쓸 수 있습니다.

TIP

트리트먼트 개발 과정에는 소재와 주제, 구조와 캐릭터 등에 대해 시간을 많이 투자해야 한다. 그래야 큰 부담 없이 써 내려간 글 속에서 자기가 잘 쓸 수 있는 이야기를 찾아내는 즐거움이 있다. 이 과정을 잘 따라와야 얻는 것도 있고 쓰는 재미도 느낄 수 있다.

워밍업 이후 본격적으로 자신이 쓰고 싶은 아이템에 대한 피드백을 주고받는 시간도 중요하다. 즉 주변에 멘토나 자기만의 롤 모델을 가져야만 한다. 페이퍼 작업 이전에 어떤 식으로든 피칭을 통해 자기 이야기를 객관적으로 평가받아 보는 것은 글쓰기 작업을 위한 본격적인 준비 작업이라고 할 수 있다. 이 과정을 통해 알게 된 부족한 지점들을 집중적으로 고민하는 시간을 갖고, 시나리오 과정으로 넘어가면 결말까지 쓰는데 훨씬 수월할 것이다.

시간에 부식되지 않고 살아남은 고전이란, 한때의 감각과 기술로 만들어진 것이 아니라 작가의 삶의 태도, 인간에 대한 겸허한 이해에서 나왔다는 이 꼰대 같은 말이 어쩌면 맞나 보다. 그렇다면 문제는 좀 더 쉬워 보인다. 늘 같은 이유로 싸우는 연인들처럼 인간도, 그 삶도 변치 않는 것이라면, 그 삶의 모습을 담고 있는 작품이 녹슬지 않았다면, 결국 자신을 들여다보면 될 일이다. 당신과 나를 포함한 우리의 삶을 따져 묻고, 눈독 들이면 될 일이다. 창작의 태도란 이렇듯 쉽지만 이렇듯 어렵다.

우리가 알고 있는 '기승전결'이나 '발단, 전개, 위기, 절정, 결말'과 '3막 구조'나 '영웅 서사'는 이름만 다를 뿐 모두 '서사 구조'일 뿐이다. 다양한 서사 예술의 종류만큼 그 구조도 다양하지만, '서사 구조'를 이루는 보편적 원리는 같다.

이야기는 넘쳐나고 카메라는 핸드폰에 달려 있다. 마음만 먹는다면 요즘 내가 본 영화, 드라마, 뮤직비디오, 웹툰, 게임 등을 본 뒤 남은 인상과 소재를 버무려 무엇이든 찍을 수 있다.

유명 앱 하나면 어느 기술자 부럽지 않게 매끈한 음악과 편집으로 마무리도 가능하다. 영화제는 매달 있고, 유튜브는 편의점처럼 늘 열려있다. 이렇게 만든 영상으로 제법 유명세를 얻는 친구 놈도 살짝 배 아프다.

만약, 당신이 끊임없이 영상물을 만들어 낼 수 있는 열정과 감각을 겸비했다면 위의 방법을 추천한다. 이렇게 만든 영상물이 사람들에게 잊히고, 사라지는 그 찰나의 시간에 맞추려면 만들고, 만들고, 또 만들면 된다.

6. 중요한 내용은 메모하라

메모를 하면 뇌가 살아난다.

인지심리학에 채널용량이란 용어가 있습니다. 우리 뇌에 정보를 담을 수 있는 공간의 양을 가리키는 것이죠. 보통 사람이 기억할 수 있는 자릿수는 6에서 7 정도라고 합니다. 그래서 이 이론에 기초해 벨은 전화번호가 사람들이 기억할 수 있는 최대 자릿수인 일곱 자리가 되도록 했습니다. 누구나 기억할 수 있는 정도가 비슷하다는 얘기입니다.

빌 게이츠는 한 달에 한 번 1주일 동안 사람들과 연락을 끊고 은둔하며 테크놀로지의 미래에 대해 생각하는 사색의 시간을 갖는다고 알려져 있습니다. 그 일주일 동안 엔지니어들과 간부들이 작성한 리포트를 읽고 그 위에 자신의 생각을 쓰기도 하고 그간 읽지 못했던 책을 읽으면서 시간을 보낸다고 말이죠.

평소에도 그는 생각이 날 때마다 기록해두는 메모광으로 잘 알려져 있습니다. 재미있는 사실은 컴퓨터가 아닌 종이에 메모한다는 것입니다. 게다가 위에서 아래로가 아니라 페이지를 4분면으로 나눠서 각기 다른 생각을 적는 것이죠. 가령 모든 질문 거리는 우측 하단 면에 적는 식으로 말이죠.

기록을 한다는 행위는 그것이 업무일지건 일기건 그냥 메모건 모두 긍정적인 일입니다. 사람에 따라 컴퓨터를 이용하기도 하고 수첩을 이용하기도 하지만 자신에게 익숙한 것을 선택하면 그만입니다. 중요한 건 목적을 떠올리며 습관을 함께 들이는 것입니다.

창작에서 가장 중요한 것은 '아이디어' 입니다. 더구나 정보 전쟁사회에서 어떤 아이디어를, 어떻게 자신의 것으로 활용하느냐에 따라서 성패가 좌우됩니다.

아이디어는 따로 아이디어 창고가 정해져 있는 것이 아닙니다. 많이 보고, 많이 듣고, 한 번 더 생각해 보면서 아이디어는 떠오릅니다. 그 아이디어를 자신의 것으로 만들어 활용하는 과정에서 가장 중요한 것이 바로 '메모' 입니다.

하지만 아무도 메모하는 방법을 알려주지 않습니다. 메모하는 방법에 정답이 없기 때문이기도 하지만 '메모' 혹은 '쓰기', '기록' 이라는 광범위한 주제를 체계적으로 서술하기도 어렵기 때문입니다.

기록은 기억보다 강합니다. 기록을 계속하면, 즉 메모를 계속하면 기억력이 좋아집니다. 제시된 많은 메모 방법을 모두 따라 할 필요는 없습니다. 단지 메모의 중요성을 깨닫고 자신에게 맞는 메모 방법을 선택하여 꾸준히 계속하면 됩니다.

현대는 정보와 지식이 생활의 필수 에너지로 작용하는 사회입니다. 그만큼 우리는 매일 수많은 정보와 지식을 입력하고 처리하면서 의사를 결정하고 그에 따라 행동합니다. 따라서 정보와 지식을 활용하고자 하는 욕구도 덩달아 커질 수밖에 없습니다. 다행히 컴퓨터가 이런 욕구의 대부분을 채워주고는 있지만, 100% 만족시켜 주는 것은 아닙니다.

기록하고 잊어라. 안심하고 잊을 수 있는 기쁨을 만끽하면서 항상 머리를 창의적으로 쓰는 사람이 성공합니다. 그 비결은 '메모 습관' 입니다.

메모는 창작의 고통으로부터 자유롭게 할 수 있을 것입니다.

A. 왜 메모하는가?
1. 잊지 않기 위해 메모하기보다는 잊기 위해 메모합니다.

2. 순간 떠오르는 느낌과 발상을 기억하기 위해 자기 지시를 내립니다.

3. 일상생활과 업무의 진행을 도와줍니다.

B. 메모는 습관이다

1. 언제 어디서든 메모합니다.

2. 수첩에 자신이 좋아하는 사진을 붙여두고 수시로 들여다 봅니다.

3. 잘 쓰려고 할 필요 없습니다, 메모는 자신을 위해서 하는 것입니다.

TIP

지금까지 '메모'의 중요성은 알고 있었지만. 메모의 습관화나 활용 방법에 관해 체계적으로 정리하지 못하고 있던 사람들은 하루를 끝내기 전 매일 10분씩 그날 한 일들을 생각해 본다.

그리고 자신에게 물어보자.
오늘 내가 잊어버리거나 소홀히 한 점은 무엇이었는지.

그런 다음
5분 정도의 시간을 갖고 내일 해야 할 일을 차근차근 쓰기 시작한다.

메모는 특별한 형식이 없다.
메모에는 특별한 종류나 형식은 없지만 일정한 체계가 있다.
목적과 주제를 설정하고 그에 맞는 구조와 흐름을 만들다 보면 저절로 메모하는 습관이 생긴다.
메모의 중요성은 모두가 알고 있지만 실천하는지가 관건이다.

자신만의 속도를 유지하기 위해서 자신만의 방식과 약어들을 개발하고 중요한 것들은 별표나 하이라이트 표시를 해서 나중에 기억하게 만드는 게 좋다.

자신의 시간을 경영하는 좋은 방법 중 하나임을 꼭 명심하자.

메모는 간단하고 쉽지만, 어렵다.
그러나 계속하다 보면 익숙해져서 어느 순간 효과적으로 메모하는 방법을 습득하게 될 것이다.

7. 네 멋대로 찍어라

"고정관념은 쓰레기통에 버려라. 내 개성과 생각을 담아서 찍어라!"

이 말은 자신의 감정을 솔직하게 표현하라는 의미입니다. 그러려면 정직해야 합니다. 자기 자신의 '감정'을 지킬 줄 알아야 하고 솔직해야 합니다. 하지만 많은 경우 사람들은 자신의 감정에 솔직하지 못하고 숨기기에 급급합니다. 감정이 죽어버린 상태로 좀비처럼 굳어 버리는 현상입니다. 영화감독은 자신의 감정을 받아들이고 표현하고 폭발시켜야 하는 사람입니다.

그런데 개인의 감정을 거르지 말고 솔직하게 다 표출하라고 한다면, 극도로 부정적인 감정들의 폭력적인 발산이 난무하지 않을까 걱정할 수 있습니다. 하지만 걱정하지 마시길. 부정적인 게 진짜입니다. 좋을 때 '좋다'고 하는 것보다는 부정적인 감정의 소리를 더 많이 표출하는 게 중요합니다. 속이 다 썩어 있는데 그 병의 징후가 밖으로 나타나지 않으면 실은 그게 더 큰 문제이기 때문입니다. 생각해보세요. 누군가와 있을 때 사실 자신의 감정은 다 썩어 들어가고 있는데도 겉으로는 웃을 수밖에 없는 상황이란 건 곧 억압적 관계 속에 놓여 있음을 말하기 때문입니다.

그러니 부정적 감정이 발견되었을 때 재빨리 캐치하고 표출하는 행위는 사실상 작품을 만드는데 있어서 가장 중요한 요소입니다. 그리고 그럴 때 우리는 작은 움직임이라도 시작해야만 자신을 바꾸고 자신을 둘러싼 억압적인 환경을 바꿀 수 있습니다.

저의 화두는 '감정을 직시하라' 입니다. 슬픈 영화를

보고 많이 울어야 합니다. 예술적인 것을 최대한 많이 접하고, 음악도 많이 듣고, 뮤지컬도 보고, 춤도 추러 다녀야 합니다.

이런 식으로 감정을 키우려는 노력을 해야 합니다. 거창한 예술 활동일 필요는 없습니다. 현대인들의 필수품, 스마트폰만 있어도 충분히 가능하다고 생각합니다. 내 감정이 움직이는 장면, 한순간을 만났다면 곧바로 그 감정을 찍으면 됩니다. 그때 내 소중한 감정을 찍어 담는다는 느낌으로 말입니다.

드라마를 보고, 영화를 보며 소리 내어 우는 것은 정말 좋은 현상입니다. 눈물이 많다는 건 감정이 살아 움직인다는 증거입니다. 겁먹지 말고 감정을 폭발시킬 수 있는 곳으로 마구 돌아다녀야 합니다. 집에만 있으면, 학교만 왔다 갔다 하면 결코 감정을 일으킬 수도 폭발시킬 수도 없습니다. 마음이 복잡하고 답답할 때 여행을 가려고 하는 심리와 마찬가지입니다.

한편 우리가 감정을 드러내는데 소극적인 이유는 그것이 어느 특별한 환경적인 요인 때문에 형성되었기 때문이 아니라 반대로 자기 자신의 나약함에 대한 핑계임을 알아야 합니다. 어떤 시도나 행동을 안 해봤기 때문에 앞으로도 하지 않으려 드는 태도에서 비롯된 것이 두려움과 게으름입니다. 겪어보지 못한 모든 것은 두렵고 무섭습니다. 그러니 일단 할 수 있는 것이라면 해봐야 합니다. 그리고 막상 해보면 별 것 아니라는 것 또한 금세 깨닫게 됩니다.

감정이 표출되는 것을 컨트롤해야 한다고 생각해선 안 됩니다. 감정을 잘 조절한다는 건 멈추도록 막는 것이 아니라 '통로'를 잘 뚫어 놓는 것입니다. 이미 흘러나오기 시작한 감정은 쉽게 막히는 것도 아니며 억지로 막아버린다고 해도 어떤 식으로든 안 좋게 터질 수밖에 없습니다. 제 경험상 유연한 방법이 있다면 그 감정의 물꼬를 다른 쪽으로 돌리거나 지그재그로 길을 만들어 더딘 속도로 흐르게 하는 것입니다.

감정을 '통제' 하기 위해서가 아니라 감정을 '존중' 하기 위해 자기 생각을 다듬어야 합니다. 자신에게 적절한 수준을 파악하기 위해서는 평소 자신의 감정을 표현하는 연습이 필요합니다. 연애도 많이 해본 사람이 잘하는 법입니다.

자신의 감정이 시키는 대로 쓰고, 말하고, 움직이고, 행동하는 습관을 들여야 합니다. 소소하게 일기를 쓸 수도 있고, 하루 중 내 감정을 움직이는 것(아주 작은 것일지라도)들을 카메라로 찍어두는 것이 중요합니다. 단, 반드시 자신의 '감정' 에 솔직해야 하고, 남을 생각하면 안 됩니다. 그렇지 않으면 모든 건 가짜가 되고 허세가 될 뿐입니다.

너도나도 영화를 이야기하는 시대에 우리는 쉽게 겉핥기식 영화의 부작용을 목격하기도 합니다. 자기 합리화로 미화시키거나 쉽게 세상을 판단하고 타인을 재단합니다. 혹은 어처구니없도록 간단히 자신을 체념하기도 합니다. 다른 쪽에서는 영화를 고상하게 포장하며 스스로를 꾸며주는 화장품처럼 여기는 사람도 너무나 많습니다. 아는 척하고 고상한 척하기 위한 도구로 영화를 취해서는 안 됩니다.

영화가 제 역할을 수행했을 때 그로 인해 많은 사람들은 자기가 느꼈던 감정을 그대로 표현할 수 있음을 자신 있게 말하게 됩니다. 한 번밖에 없는 소중한 삶을 자기답게 살 수 있도록 깨우쳐주는 것이야말로 영화의 가장 큰 가치이자 존재 이유일 것입니다.

영화는 종교가 아닙니다. 니체의 책을 읽고 니체라는 사람에 대해 왈가왈부 비판하는 사람들이 있는데, 니체는 자신의 묘비명을 통해 이런 얘길 했습니다. "이제 나는 명령한다. 차라투스트라를 버리고 그대들 자신의 감정을 발견할 것을"이라고 말입니다. 니체의 말, 즉 타인의 시선에 연연하지 말고 자신의 감정을 발견하고 느끼는 것에 의의를 두어야 한다고 말입니다.

그러려면 일단 찍어야 합니다. 감독은 책상 앞에 앉아,

커피 한 잔을 두고 노트북에 글을 쓰는 사람이 아닙니다.

일단, 찍어야 합니다.

어떤 의도나 연출을 생각할 것이 아니라 먼저 찍어야 합니다. 배고프면 밥을 먹듯, 아무 생각 없이 찍어야 합니다. 영화를 찍는 그 행위 자체로 즐기지 못한다면 더 이상 무슨 말이 필요하겠습니까.

영화를 찍는데 필요한 기술 또는 기계보다 찍는 사람의 생각이 더 중요합니다. 어떤 메시지를 담을 수 있는지, 왜 그런 영화를 찍게 되었는지, 스스로 자문하고, 고민하고, 의심하고, 비틀거리다 보면 결국 알게 됩니다.

영화를 잘 만들기 위한 방법에는 여러 가지가 있습니다. 하지만 가르쳐줄 수 있는 부분에는 한계가 있습니다. 그저 오랜 시간 본인이 노력하고, 좋아하다 보면 자연스레 얻는 것들이 있습니다. 바로 그것이 진짜 본인의 것입니다.

뭔가 굉장한 작품을 찍어야겠다는 강박관념은 쓰레기통에 버려야 합니다. 그런 생각은 쓸데없이 비싸고 기능이 복잡한 카메라를 사게 만들고, 결국 카메라의 무게감에 눌려 찍기 자체를 즐기지 못하게 됩니다.

지금껏 육중한 카메라에 짓눌려 있었다면 그 카메라도 잠시 치워 두기를 권합니다. 우리에겐 아주 간단한 카메라 하나만 있으면 됩니다. 셔터만 누르면 찍히는 카메라, 우리가 흔히 쓰는 디지털카메라나 휴대폰도 상관없습니다.

그걸로 아주 기본적이면서도 현실적인 즐거운 영화 만들기에 대해 이야기하려 합니다. 이 글을 읽고 방치해 두었던 가벼운 카메라를 항상 꺼내 들고 다니길 권합니다. 지하철 창밖을 찍고, 길거리의 나무를 찍고, 사람을 찍고, 동물을 찍어야 합니다.

내가 어떤 물건이나 상황을 향해 셔터를 누르는 건 내 안의 무언가와 바깥세상에서 일어나는 무언가가 통했기 때문입니다. 낡은 의자를 찍었다면 난 단순히 의자 하나를 찍은 게 아니라 낡은 의자에 대한 내 생각을 찍는 것입니다. 낡은 의자를 향해 셔터를 누르고, 후반 작업을 통해 결과물을 보게 되는 것. 바로 내 감정이 들어간 창조물이 만들어지는 순간입니다.

자, 그럼.
일단, 카메라를 들고 찍어 봅시다!

TIP

영화감독 지망생을 위한 Advice

1. 찍고 싶은 영화의 장르를 한정 짓지 말자
우선 드라마든, 코미디든, 다양한 장르의 영화를 가리지 말고 찍어보자. 좋아하는 장르만을 고집하기보다는 찍는 행위 자체에 초점을 맞추어 다양한 경험을 해 보는 것이 중요하다.

2. 모든 대상을 진심으로 존중하자
영화감독으로서의 소양은 단순히 영화를 둘러싼 기술에만 있지는 않다. 현장의 분위기를 이끌고 그 속에서 배우의 진심 어린 감정을 만들어 낼 수 있게 하는 것 또한 주요 덕목 중 하나이다. 무조건 포즈나 표정을 지시하기보다는 진심으로 우러날 수 있는 환경을 조성하는 노하우를 쌓아야 한다.

3. 무조건 많이 찍어 보자
결국 많이 찍는 사람이 좋은 작품을 만들 수 있다. 첫술에 배부를 수 없고, 모든 처음 해본 것들은 엉망이다. 이러니저러니 해도 무조건 많이 찍어 볼 것 영화감독에게 그보다 중요한 것은 없다.

8. 영화는 극장에서 봐라

우리는 함께 영화를 보고 즐기며, 이야기를 나누길 원합
니다. 영화를 보는 일에 다른 호사스러운 행사는 없습니
다. 하루의 일과를 마치고 혹은 아주 가벼운 여행을 떠
나듯 극장을 방문하는 것으로 충분합니다.

해변의 폴린느가 아이에서 어른으로 성장하는 과정을,
험프리 보가트와 잉그리드 버그만이 재회하는 장면을,
폭풍우 속의 장 가뱅과 미셸 모르강을, 매혹적인 자태
의 마릴린 먼로와 도미니크 산다를 스크린 위에서 만
나며 토드 브라우닝, 사무엘 풀러, 브라이언 드 팔머,

존 카펜터, 다리오 아르젠토와 함께 공포의 휴가길을 떠나게 될 것입니다. 우리가 이 축제를 영화로 떠나는 '바캉스'라 칭한 것도 이 단어의 본래 뜻처럼 무언가로부터 자유롭고자 하기 위함입니다. 제도화된 영화, 시간의 속박에 갇힌 영화, 이 모든 것으로부터 벗어나 좀 더 자유롭게 다양한 영화들과 접할 수 있는 기회가 되었으면 합니다.

영화는 장소의 기억을 결합한 대중문화의 역사를 이루고 있습니다. 그 속성은 극장 안과 밖에서 나란히 일어납니다. 그러니 영화의 참된 기쁨은 사람들이 영화관을 찾는 일부터 시작합니다. 영화는 커다란 스크린을 통해 수많은 감각과 감정을 동원시키고 때때로 극적인 감동에 젖게 하며 추억으로 남도록 하는 다양한 세계와의 만남입니다.

영화를 보는 감각을 키우고 이를 토대로 좋은 영화를 만들 수 있도록 도움을 주는 곳은 영화관만큼 좋은 곳은 없습니다. 영화를 통해 현시대 흐름을 읽어낼 뿐 아니라 자신만의 사고를 구축하고 쓸 수 있도록 도와주는 곳 또한 영화관입니다.

영화관에 가는 일이 마냥 설레고 즐거운 일은 아닙니다. 온라인으로 복잡한 과정을 거쳐 예매를 하고 상영 시간에 늦지 않게 집에서 빨리 나와야 합니다. 부지런히 극장에 도착해도 지루하고 무의미한 광고를 견뎌야 하고 정작 영화가 시작하면 팝콘과 음료수가 내는 소음들을 견뎌야 합니다. 편안하게 소파나 의자에 앉아 클릭 한 번으로 영화를 보면 될 텐데 왜 굳이 먼 길 마다하지 않고 영화관으로 가야 할까요.

그건 바로 공감이 중요하기 때문입니다.

영화는 누군가와 공감을 해야 하는 매체입니다. 나 혼자 해석하고 나 혼자 고독하게 즐기는 매체가 아닙니다. 집에서 혼자 감상을 하면 쉽게 편한 자세로 영화를 보게 됩니다. 자연히 눈과 심장은 여유로워지고 긴장감은 사라지게 됩니다.

지루한 장면이 나온다 싶으면 바로 스킵 버튼을 누르게 되고 전화나 개인적인 용무가 있으면 바로 영화를 정지 시킵니다. 그 결과 영화는 스틸컷처럼 작동하게 됩니다.

영화를 온전히 감상하고 즐기려면 집에서 나와 걷고, 타고, 뛰고, 기다리고, 짜증을 견디는 모든 시간이 필요합니다. 사람을 만나는 일과 같습니다. 영화는 체험이고 감정입니다. 영화를 보기 전 누군가를 혹은 무엇을 생각하고 몸으로 느끼는 건 아주, 아주 중요합니다.

영화는 수동적 매체입니다. 하지만 능동적으로 영화라는 예술 속에 담긴 텍스트를 분해하고, 나열된 의미의 조각들을 다시 논리적으로 구성하다 보면 영화의 숨겨진 의미를 찾을 수 있게 됩니다. 영화를 창의적으로 해석하는 특별한 능력을 얻을 수 있게 되는 것이죠. 논리적인 사고가 필요한 읽기와 쓰기, 만들기의 출발점이 극장에서 본 어떤 영화로부터 시작되는 건 매우 자연스런 현상입니다.

어떤 관점에서는 모든 영화가 철학에서 파생되었다고 합니다. 심지어 전혀 관계가 없을 것 같은 경제학마저도 아리스토텔레스까지 올라가는 걸 보면 전혀 틀린 말은 아닌 것 같습니다. 누군가는 우리가 연구하는 것들이 고대 철학자들이 했던 이야기를 우려먹는 것에 지나지 않는다고 말했을 정도로 말입니다. 그런데 참 재미있는 것은 많은 영화감독들이 내뱉는 고민을 들어보면 내가 하는 고민과 크게 다르지 않음을 느끼는 일도 많다는 겁니다.

영화는 많은 정의를 내릴 수 있겠지만 저는 인간이 인간답게 살기 위한 예술이라고 생각합니다. 아니, 인간이라는 존재에 대해서, 삶에 대해서 고민을 하는 예술이겠죠. 살면서 희망을 꿈꾸고, 흘러가는 시간을 잡고 싶어하고, 사랑을 하며, 죽음을 맞게 됩니다.

다시 우리는 영화를 왜 극장에서 보는가? 라는 질문을 하고 싶습니다. 케이블 채널, 다운로드, 스마트폰 등 수많은 디바이스를 통해 영화는 우리에게 공기처럼 친숙합니다. 굳이 극장이 아니더라도 영화를 소비할 수 있는 매체는 너무 많습니다. 또한 영화뿐만 아니라 우리의 여가를 활용할 수 있는 콘텐츠는 끊임없이 제공됩니다. 문득 무료한 시간을 보내기 위해서 돈을 지불하고 극장에 가는 것이 낭비인 듯 보이기도 합니다.

그래도 우리는 영화관에 갑니다. 그곳에 가면 특별한 시간이 기다리고 있다고 믿기 때문입니다. 예고편에 배신당할 수도, 별 볼 일 없는 영화였네 하고 탄식할 수도 있습니다. 그러나 우리가 선택한 두 시간은 인생의 향연입니다. 그 두 시간이 아스라이 지나가고 조금은 달라진 스스로를 발견하게 됩니다. 영화관은 나의 삶을 사랑하게 만들 계기가 되는 시간을 선물하고 있는지도 모르겠습니다.

TIP

구로사와 아키라를 만난 것은 생애에 단 한 번이었다. 구로사와는 사람을 거의 만나지 않고 도쿄로부터 멀리 떨어진 그의 집에, 마치 천황처럼 일본 영화 속에 그저 존재하고 있었다. 그런데 1989년 도쿄 영화제에서 갑자기 그의 단 한 번의 공식 인터뷰가 잡혔다....... (중략)......구로사와는 사진에서보다 훨씬 큰 키를 하고 조금 느린 걸음으로 들어왔다. 그리고 천천히 우리들을 둘러보았다. 우리들은 마치 천황 앞에 늘어선 대신들 같았다. 조용하게 질문이 오고 갔다. 그건 질문이라기보다는 오마주와 그에 관한 살아 있는 긍정처럼 보였다. 그걸 참지 못하고 (철없는) 나는 자신도 모르게 손을 들었다. 그리고 질문했다. "〈라쇼몽〉이 아시아 영화로는 처음 서방세계 영화제에서 그랑프리를 받은 것은 이제 돌이켜 생각하면 아시아 영화에 대한 헛된 오해를 불러일으킨 것은 아닙니까?" 나는 질문을 던져 놓고서야 '아차'라는 생각이 들었다. 구로사와는 선글라스 너머로 나를 바라보았다. 그리고 느리게 대답했다. "난 그 상을 갑자기 받았지요. 이상하지요? 상은 그런 것입니다. 그러나 영화는 상과 관계없는 것입니다. 하지만 젊은 나에게는 그 상이 필요했습니다. 그건 내가 틀리지 않았다는 격려 같은 것이었습니다. 그러니까 상은 영화가 아니라 그것을 만드는 인간에게 필요한 것입니다.

우리들은 영화를 만들면서 같은 동네에 살면서 서로 격려하는 것입니다." 나는 이 말을 평생 잊지 못할 것이다. 구로사와는 나에게 영화를 하는 사람들은 같은 동네에 사는 친구들이라고 가르쳐 주었다.

"우리들은 영화를 만들면서 서로를 격려하는 것입니다."

"우리들은 영화를 만들면서 서로를 격려하는 것입니다"
—구로사와 아키라와의 작별 인사 중에서

스물네 살의 나는 매우 못된 사람이었다. 일단 상대를 찔러 보고 난 다음 대화를 시작하였다. 그래서 내 질문을 견뎌야만 친구가 될 자격이 있다고 생각했다. 술자리에서 나는 곽재용에게 그냥 다짜고짜 질문하였다. "당신 영화, 테크닉은 훌륭한데 이야기가 너무 한심한 거 아냐?" 거의 말이 없던 곽재용은 그 말에 처음 고개를 들고 나를 바라보았다. 그러더니 약간 격앙된 목소리로 대답했다. "그거 나도 알거든. 그런데 그걸 그냥 인정해 주면 안 되나? 왜 내 취향을 당신한테 맞춰야 하는데? 내가 영화하는 건 내가 하고 싶어 하는 걸 하고 싶어 서지. 당신이 보고 싶은 걸 보여 주려고 하는 게 아닌데." 나는 마치 급소를 찔린 것처럼 아무 말도 하지 못하고 그를 쳐다보았다. 그 말을 듣고 그냥 중얼거렸다.

"당신, 진짜 멋있다." 나는 내 질문에 그렇게 대답하는 사람을 처음 만났다. 그 이후에도 그렇게 대답하는 사람은 없었다.

'타인의 취향을 이해하는 방법'
—내 친구 곽재용을 소개합니다 중에서

칸은 감동과 스캔들이 넘친다. 하지만 나는 항상 칸에 오면 무언가 석연치 않은 느낌이 들었다. 과연 이 영화들이 영화의 예술성을 보장하는 위대한 작품들인가? 이 모든 것은 쇼가 아닌가? 2003년에 칸에 갔을 때 크루아제트가 내려다보이는 프레스룸의 카페에 앉아 커피를 마시면서 《리베라시옹》기자에게 그런 느낌을 말했다. 그러자 그가 대답했다. "여기 경쟁에 온 영화들이 왜 존경할 만하다고 생각해? 그건 간단해. 영화가 자기 돈을 들여서 예술을 하면 그건 별로 존경받을 만한 일이 아니야. 그건 누구나 할 수 있지. 그러나 이 감독들은 돈밖에 모르는 제작자를 꼬이고, 재미밖에 모르는 대중들을 홀리면서. 기어이 자기 이야기를 찍어서 우리들을 감동시키는 작품을 만든 거야. 그건 위대한 일이지. 그리고 그게 자본주의 시대에 어울리는 승리지." 나는 그 말에 전적으로 공감한다. 특히 그 마지막 말은 내 심금을 울린다. 황금 보기를 돌같이 하라는 말은 위선이다. 돈은 우리들의 일상생활을 지배하는 그 모든 힘 중에서 가장 큰 힘이다. 그 힘을 부정해서는 안 된다. 그러나 그 돈에 굴복하지 않는 영혼을 가지고 기어이 자기의 삶을 지켜 내는 것은 정말 존경할 만한 일이다.

'영화제에서 길을 잃지 마라'
—영화평론가가 가져야 할 세 가지 태도 중에서

정성일 〈언젠가 세상은 영화가 될 것이다〉 중에서

——

2부. 영화 보기, 이렇게 하면 안 된다

——

—

남들이 당신에 대해 가지고 있는 의견을

바꿀 수 있는 길은 거의 없다.

왜냐하면 바뀔 수 없기 때문이다.

– 반대 의견을 올바로 받아들여라. Tip 중에서

—

1. 예술 영화라 이해가 안 가도 실망하지 마라

참으로 답답합니다. 같이 영화를 본 사람들도 답답하다
며 연신 한숨을 내쉽니다. 할리우드 영화에 익숙해진 많
은 사람들은 도통 예술영화를 끝까지 보는 것부터 난관
입니다. 사건은 긴박감을 찾을 수 없고, 플롯이 일목요연
하지도 않으며, 정체를 알 수 없는 괴상한 캐릭터들을 내
세워 예상과는 다른 방향으로 튀어 나가는 스토리는 보
는 이들을 지루하게 만들기 일쑤입니다.

예술영화의 핵심은 영화를 통한 '치유'와 '행동의 변화' 입
니다. 그것은 영화가 우리에게 안겨주는 행동의 지침서가

되기도 합니다. 영화 속 사건과 인물이 처한 상황을 마치 자신의 이야기처럼 받아들이는 감정 이입의 경험을 누구나 한 번쯤은 겪어 봤을 것입니다. 어떤 누군가에겐 꿈만 같았을 것이고, 또 다른 누구에게는 지옥처럼 느껴졌을지도 모릅니다. 그렇게 영화는 '마술'처럼 추억과 현실을 동반한 한 몸처럼 다가옵니다.

언제부턴가 '예술영화'라는 말이 보편적으로 통용되고 있습니다. 최근엔 '다양성 영화' 정도로 소통되곤 하는데, 영화를 통해 해석의 굴레에서 벗어나라는 의미이기도 합니다. 모든 예술 장르 가운데 가장 후발 주자에 속하는 영화는 이전 예술 작품들에서 출발하여 새롭게 구성되거나 해체되며, 다양한 해석의 가능성 속에 새로운 생명력을 불어넣습니다.

사람들은 보통 책과 달리 영화는 일회적인 경험과 캐릭터, 스토리에 대한 공감으로 만족해합니다. 스토리를 중시한 영화라면, 이야기의 논리적인 전개나 참신성이 중요한 영화라면 그럴 수 있습니다. 그러나 스토리가 그렇게 중요한 요소라면 영화는 어떻게 문학과 경쟁해서 살아남을 수 있을까요?

영화는 무엇보다 시각 예술입니다. 뤼미에르 형제가 첫 번째 영화를 선보였을 때부터 영화는 시각적 스펙터클에 기대어 있었습니다. 영화의 본래적 속성에서 차원을 한 단계 끌어 올릴 수 있다면 그 방법은 무엇인가. 그건 바로 영화가 기대어 있던 스토리에 더 이상 의존하지 않고 벗어날 때 우리는 비로소 영화의 새로운 매력을 발견하게 될 겁니다. 영화의 형식을 결정짓는 한 장면 안에 담긴 의미를 분석할수록 다양한 해석이 바로 시각 예술을 – 체험과 교감의 영역까지 확장시켜 줍니다.

우리가 사진이나 미술의 특정한 이미지 혹은 영화를 볼 때, 이유 없이 끌리고 이론으로는 설명되지 않는 날카로운 감각을 느낄 때, 그것이 무엇을 의미하는지 금방 이해할 수 있지만 오직 보는 이만이 느끼는 절대적이고 개별적인 경험은 매우 중요합니다.

한 영화에 대해 저마다 좋아하는 장면이 다르고, 특정 영화에 대해 느끼는 해석은 천차만별입니다. 그래서 '영화 감상'을 넘어 '영화 체험' 혹은 '영화로 교감하기'라는 표현도 있는 것처럼, 더 나은 영화 감상을 위해 중요한 것은 '체험'과 '해석'입니다. 영화도 아는 만큼 보이는 것입니다. 영화의 세상과 현실은 결코 동떨어져 있지 않음을 인식해야 하며, 남들이 보지 못한 자기만의 해석을 더할 때 비로소 나만의 영화가 완성됩니다.

예술 영화는 우리가 살아가는 공동체와 나에 대해 한 번쯤 다시 생각해 볼 계기를 만들어 주는 장르입니다. 예술 영화를 보고 나서 마치 뒤통수를 한 대 얻어맞은 느낌, 그 이유는 무엇일까요? 아마 영화의 '상상'과 '현실'이라는 대립적인 개념이 나의 생각과는 다르게 표현되었기 때문일 것입니다. 마치 미술관에 들어가 현대 미술의 파격적인 그림을 보는 경우라고 할까요.

타르코프스키가 쓴 대로 우리가 예술가를 필요로 하는 이유는 삶이 불완전해서입니다. 결국 존재는 알려지게 마련입니다. 존재는 아무리 숨기려 해도 드러나게 마련입니다. 이는 한 가련한 감독의 숨결을 통해 창조됩니다. 인고의 시간을 거친 후 나온 영화는 지순한 영혼을 자극하여 한줄기 생명을 탄생시킵니다.

예술 영화는 삶에 대한 통찰과 비애가 숨겨져 있습니다. 어느 누가 영혼의 목소리를 거부할 수 있습니까? 액션과 컷을 통해 만들어진 이미지가 인간의 마음을 자극하듯 바쁘게만 살아가는 사람들에게 한 번쯤 컷 하고 자신의 존재를 바라보게 하는 영화, 바로 예술 영화입니다.

예술 영화는 존재의 울림이며 숭고한 영혼의 체취를 느끼게 만듭니다. 사람은 한 번 태어나면 누구나 자신의 길을 가게 마련입니다. 가지 않는 길에 대한 후회가 있을 수 있습니다. 예술 영화는 영혼이 그토록 절망한 날, 인간의 존재론적 목마름을 해소시킬 수 있는 한줄기 소나기와도 같습니다. 가뭄에 쩍쩍 갈라진 영혼의 땅바닥을 흠뻑 적셔줄 수 있는 영혼의 봄비입니다.

우리가 영화 속에서 발견하는 예술 작품들은 영화와의 상호작용 속에서 새로운 의미를 만들어냅니다. 영화는 음악을, 미술을, 문학을 참조하지만 그것과는 전혀 다른 새로운 것을 만들어냅니다. 그것이 영화가 기존 예술의 종합이 아니라 제7의 예술로써 가능성을 품은 지점입니다.

이처럼 영화를 통해 감정을 얻고 삶을 공감해야 하는 까닭은 '예술 영화'라는 엄숙한 의미에서도 찾을 수 있겠지만 무엇보다 잃어버린 자신과 조우할 수 있는 기회를 맞이할 수 있기 때문입니다.

영화에 비친 '낯선 자신'의 모습을 발견하게 도와주는 것, 예술 영화를 통해 우리는 엉켜버린 자아의 끈을 정돈하고 자신의 모습을 직시하여 앞으로 나아갈 수 있는 힘을 얻게 될 것입니다.

영화는 현실을 반영하는 하나의 예술입니다. 영화에서 불안한 시대를 살아가는 돌파구를 찾으십시오. 우리가 불안한 이유는 역설적으로 자유로운 존재이기 때문입니다.

TIP

매년 수많은 영화가 만들어지고 수많은 사람들이 영화를 본다. 우리는 왜 영화를 보는 것일까? 돈을 벌기 위한 수단이라는 이유만으로 영화를 제작하는 것은 분명히 아닐 것이며, 세계적인 규모의 영화제를 개최하는 것도 물론 아닐 것이다. 관객들은 단순히 시간을 때우거나 엔터테인먼트를 즐기기 위해 영화를 관람하는 것만도 아닐 것이다. 제작비가 부족함에도 불구하고 영화를 만들기 위해 노력하며, 관객들 역시 영화를 보고 눈물 흘리고 웃으며 공감을 형성하기도 하고 화를 내기도 한다.

모든 영화에 '내'가 있다. 단편, 단편이 이어져 장면을 만들고 장면의 연결을 통해 영화를 만들어 내는 과정은 한 인간의 삶이 역사로 흘러가는 모습과 닮았다. 우리가 영화와 예술을 놓을 수 없는 이유도 바로 여기에 있다.

영화와 예술은 닮았다. 영화에는 삶과 인간의 가장 드라마틱한 순간이 담겨 있다. 예술은 인간의 가장 집약적인 고민과 갈등을 풀어내려 애쓴다. 그리고 그것을 통해 결국 어느 누구도 아닌 나 자신과 오롯이 만나게 된다. 예술이라는 큰 틀 안에서 영화를 본다는 것은 결국 '나 자신'을 찾아가는 과정인 것이다. 그리하여 '나'에서 '너'를, '너'에서 '우리'를, 그리고 마침내 '세계'를 읽어내는 통찰력을 길러주는, '자신과 세계를 잇는 문의 작은 손잡이'가 되어줄 것이다.

2. 빨리 보려고 스킵하지 마라

타르코프스키의 영화 속 인물들은 현재에서 과거 그리고 다시 현재로 이어지는 시간 속에서 초월적인 영역들 사이로 끊임없이 넘나듭니다. 이들의 탐색은 단일한 시간적 패턴이 지배하는 장소와는 접점이 없습니다.

과거의 추억, 미래에 대한 환영, 아무 '상관없는' 환각이 모두 이들을 시간적, 공간적으로 전치시킵니다. 타르코프스키의 영상 세계를 구성하는 다양한 스타일적 특징과 반복적인 모티프가 시·공간적 안정을 뒤흔드는 기능을 합니다. 비논리적인 컷, 필터, 다양한 필름(모노크롬,

흑백, 컬러)의 사용은 선형적인 내러티브를 방해합니다. 사운드트랙 또한 시·공간적 혼돈을 가중시켜 관객들로 하여금 영화를 이해하는데 어려움을 겪게 만듭니다.

그의 영화 속에서 꿈, 환영, 기억, 계시, 몽상과 망상은 시간, 공간의 형식을 양분하는 현상이며, 이들은 사건의 선형적인 진행을 방해하고 내러티브의 단절을 야기합니다. 20세기 러시아의 시, 요한계시록, 종말론 등 다양한 영화 속 모티프들을 깊이 있게 파고들어 영화에 대한 인식의 폭을 넓히고 신선한 접근 방식으로 그의 영화를 새롭게 살려내고 있습니다. 하지만 우리는 그 시간을 인내하지 못한 채 영화 보기를 그만두거나 스킵을 하곤 합니다.

사실 기억이라는 것은 사실의 종합이 아니라 스스로도 파악하지 못한 주관적 감정의 덩어리라고 볼 수 있습니다. 똑같은 사건을 경험하더라도 각 개인이 그 안에서 느끼는 감정은 다를 수 있기에, 한 가지 사건 속에도 여러 기억이 존재할 수 있는 것입니다.

영화의 컷과 장면을 스킵 한다는 것은 인생의 한 부분을 지우는 경우와 같습니다. 기억은 견고한 토대 없이 항시 일부를 잃어버리고 다른 것으로 변해버리는 특징을 가집니다. 과거에 긍정적이었던 기억이 부정적으로 바뀌기도 하고 부정적이었던 기억이 긍정적으로 바뀌기도 합니다. 따라서 잃어버린 시간을 되찾는 것은 상당히 어려울 수밖에 없습니다.

하지만 잃어버린 시간에 담긴 감정 자체가 사라지는 것은 아닙니다. 신체의 한 부분을 삭제한 채 내 모습을 그리는 것과 마찬가지입니다. 좋은 기억과 행동만으로 내 인생을 얘기할 순 없습니다. 아픈 추억과 잔잔한 기억들도 나의 인생입니다. 인생의 반절을 우리는 대개 잠으로 소비합니다. 그런 잠이 아깝고 버려진 시간이라고 생각하는 사람들도 있을 테지만 우리 인생에서 잠만큼 중요하고 필요한 것이 있을까 생각해 봅니다. 잠은 죽은 시간이 아니라 활동을 위한 충전의 시간입니다.

순간의 감정은 강한 유대를 가진 무언가를 통해 다시

살아나기도 합니다. 어렴풋한 감정을 통해 잃어버린 시간을 떠올립니다. 다만 스스로 삭제해버린 기억이기에 아무것도 생각나지 않을 뿐, 시간과 흔적은 온몸에 각인되어 있습니다. 기억이 우리에게 전해주는 감정의 흔적은 남아 있기에 그런 것은 문제가 되지 않습니다.

바로 이것이다, 생각나지 않더라도 그 순간의 감정이 다시금 나타났을 때 과거는 현재에서 재현됩니다. 과거의 감정은 지금 이 순간에 의미를 더해줍니다. 이것은 경험해봤기에 가능한, 과거가 나에게 주는 선물과도 같은 것입니다.

준비를 하는 것과 실제로 실행에 옮기는 것은 완전히 다른 문제입니다. 결단의 순간이 왔을 때 결단할 수 있다는 것 그것은 엄청난 용기입니다.

3. 시나리오를 정석대로 쓰지 마라

시나리오 작법에 관한 수많은 책이 있지만, 현장에서 통하는 시나리오가 무엇인가에 대해서 핵심을 말하는 이는 드뭅니다. 수없이 많은 시나리오 중에서 무엇이 영화가 되고, 무엇이 폐기되는지 직접 경험해 보는 것이 중요합니다.

이야기를 전달하는 매체로써 영화가 지닌 독특한 가치를 탐구해야 합니다. 이는 시나리오 작법에 관한 책에서 관습적으로 무시해온 부분입니다. 실제로 대부분의 책이 시각적인 스토리텔링의 개념에 대해 거의 말하고 있지 않습니다. 진정으로 시각적인 영화는 이야기를 숏과 숏의 이미지로 말하며 영화 매체의 본질을 잘 활용한 작품입니다.

카메라, 조명, 편집이 관객에게 전달할 수 있는 요소를 고려하지 않은 이야기들은 이야기의 절반만 탐구하고 있을 뿐입니다. 이점이 바로 시나리오와 영상 문법을 함께 공부하지 않으면 안 되는 이유이기도 합니다.

물론 영화를 만드는 것은 글을 쓰는 것과 마찬가지로 누구나, 언제든, 스스로의 결심으로 시작할 수 있습니다. 하지만 결국 우리가 글을 쓰기 위해 문법과 어휘와 선배의 글들을 공부해야 하는 것처럼 영화 역시 더 깊은 심연의 세계로 여행하기 위해선 많은 것들을 공부해야 합니다.

영화 시작 후 10분이라는 시간은 두말할 나위 없이 중요합니다. 아래의 이야기를 보시죠.

학생들은 종종 길이와 내용을 혼동합니다. 길이가 긴 작품이 좀 더 진지하고 모양새가 낫다고 생각합니다. 나는 10분에서 15분 짜리 영화로는 인물과 주제, 실질적인 플롯을 적절하게 다룰 수 없다는 학생들의 불평을 계속 들어왔습니다. 5분이나 10분짜리 극적 구조물을 지배할 능력이 없으면, 장편영화 전체를 효과적 으로 구축할 수 없습니다. 실력 있는 제작자들은 굉장히 바쁜 사람들입니다. 그 사람들은 영화를 볼 때 어느 정도 충분히 봤 다 싶으면, 보통 중간에서 잘라버립니다.

— '서브플롯과 이야기의 밀도' 中

영화를 만들기 위해 학생들이 글쓰기에 관한 교육을 받 았으면서도 글을 쓰는 데는 언제나 부담을 가지게 됩니 다. 특히 졸업 작품이나 단편을 준비하는 사람들이라면 시나리오에 많은 두려움을 가질 수밖에 없습니다. 또한 많은 사람들은 최악의 상황에 대비하기 위해 지금까지 그래왔던 것처럼 예상 문제를 만들어 놓고 모범 답안을 암기하거나 시나리오 작법 책에 쓰인 비교적 잘 쓴 글들 을 골라 참고 자료로 활용하는 것이 전부입니다.

모름지기 대부분의 사람들은 초등학교에 입학하기 전부터 신동 소리를 들어가며 빠르게 우리말을 배우기 시작했으며 사용에 불편함이 없을 만큼 상당한 수준에 이른 지금까지도 착실하게 그 수준을 높여가고 있습니다. 그동안 알게 모르게 학생들이 경험과 교육, 그리고 많은 책에서 얻은 지식이 언어를 효과적으로 사용할 수 있도록 하는 데에 도움을 주었을 것은 의심의 여지가 없을 것입니다.

따라서 학생들은 어떤 문제가 주어지더라도 그것에 관해 일정한 분량의 시나리오를 메울 수 있을 만큼 글쓰기와 관련된 일반적인 지식에 대해서도 잘 알고 있습니다. 그러나 현장에서 실전을 치러본 학생들조차 대부분은 자신이 쓴 시나리오가 고뇌에 쏟은 시간과 노력에 상응하는 만족스러운 결과를 얻지 못한다고 생각하고 있습니다.

이는 시나리오를 쓰기 전에 자기 생각이 논리적으로 정돈되어있지 않기 때문입니다. 시나리오를 쓰기 위해 지금 필요한 것은 더 많은 시나리오 읽기가 아니라 '생각하고', '말하고', '쓰는 법'을 깨우치는 일입니다.

자기 생각을 진전시키고 좋은 글쓰기를 통해 읽는 사람을 설득할 수 있어야 하며, 그러기 위해서는 먼저 자신을 설득할 수 있는 객관적이고 논리적인 글쓰기 능력을 갖추어야 합니다.

"시나리오 쓰기의 끝은 어디인가?"

종종 이 물음에 저도 고민하곤 합니다. 나름의 노력을 했지만 뚜렷한 무언가가 보이지 않을 때가 더욱 많습니다.

TIP

글의 기본은 문장이다. 문장이 모여서 글을 이룬다. 시나리오의 많은 내용을 힘 있고 올바른 문장을 쓰는 것에 초점을 맞추어야 한다. 특히 힘 있는 문장을 쓰는 법, 쉬운 문장을 쓰는 법 – 즉 대사에 대하여 연구해야 한다.

문장이 모여서 글을 이루지만 그 안에 질서가 존재한다. 주장이 있고, 그 주장을 뒷받침하는 근거가 있어야 한다. 이를 어떻게 전달할지 – 대사에 대하여 연구해야 한다. 이론적으로 아무리 이해했어도 직접 글을 쓸 수 있는지는 별개의 문제이다. 우리는 각자 글쓰기 습관을 가지고 있다. 눈으로 이해했음은 그런 습관을 고치기에 충분하지 않다.

연습이 가장 중요하다. 공부가 아닌 취미로 글을 써 보았으면 한다. 공부는 학교와 학원에서 넘치게 한다. 하지만 그런 공부가 대학과 사회에 나가서 얼마나 필요하겠는가. 오히려 글 잘 쓰는 사람이 인정받는 곳이 사회이다. 이는 우리나라에 한정된 이야기가 아니다. 미국 대학을 가기 위해 보는 토플 시험에 '라이팅(writing)' 평가가 있는 것만 봐도 알 수 있다. 부디 청소년 시절 경험하게 되는 중요한 글쓰기 과정을 편안한 마음으로 맞이했으면 한다.

4. 배우를 가르치지 마라

배우는 관객을 영화와 연결시키는 화신이자, 영화적 상상력의 매개자로 영화의 매혹과 직접적인 관계를 맺고 있습니다. 배우는 또한 언제나 신비한 대상이자 알고 싶은 매력적 존재이고 영화적 질문을 구성하는 유기체입니다.

여배우 조셉 폰 스턴버그와 디트리히의 관계처럼 영화의 전부이자 영화에서 가장 큰 갈망의 대상이며, 감동의 대상이고 가끔은 혐오와 두려움의 대상이기도 합니다. 영화 속 여인들은 때론 아름답고 매혹적이면서도 때때로

처절하기까지 합니다.

배우들이 어떻게 대사를 전달할지 상상하는 능력이 부족한 프로듀서를 위해 많은 작가들은 대사 옆에 부사('화가 나서', '조용히')를 덧붙인다. 하지만 프로듀서와 감독들은 정말 이런 것을 싫어한다. 그런 일은 작가가 연출에 영향을 끼치려는 매우 가당치도 않은 노력일 뿐만 아니라, 배우의 신체조건에 대한 묘사와 마찬가지로, 말에 미치는 정서적 효과를 위해 작가가 배우에게 의존하고 있음을 드러내는 것이며, 작가가 실제로 해야 하는 일-언어 안에서 감정과 정서를 창조하는 일-을 회피하는 것이다.

— '촬영대본을 쓰지 말아야 할 때' 中

감독은 배우를 가르치는 게 아니라 영감을 줄 때 작품에 도움이 된다. 연기는 전적으로 배우가 자신의 표현 도구(목소리, 신체)와 더불어 더 중요한 정서와 감각, 기억, 직관, 마음가짐을 조절하여 상상력을 작동시킴으로써 만들어내는 창조물이다. (이 점이 바로 어떤 역할에 좋은 배우를 캐스팅하면 감독이 하는 일의 90퍼센트가 끝났다고 하는 이유다.) 들어라. 귀를 기울여

열심히 들어라. 배우를 세심하게 관찰하라. 그 배우가 가진 개성의 미묘한 특성인 신체 언어를 가까이에서 지켜보라.

- '서브플롯과 이야기의 밀도' 中

앞에서 말했듯 영화는 행동보다 반응을 그리는 매체입니다. 편집자는 반응 타이밍을 통해 어떤 행동이 중요한가를 강조합니다. 학생들이 상당히 긴 시간 편집해보기 전에, 이런 점을 본능적으로 알아차리려면 꽤 시간이 걸립니다. 씬에서 기억해야 할 것은 종종 듣는 사람(내적인 감정이나 생각을 지닌 목격자)이 말하는 사람이나 제시된 사건보다 더 중요하다는 사실입니다. 대사가 항상 씬의 극적 내용을 표현한다고 생각하는 시나리오 작가는 영화라는 매체에 아직 익숙하지 않은 사람입니다. 이런 맥락에서 반응 샷을 위한 커버리지를 만들어 두는 것은 불필요하게 장황한 대사를 줄임으로써 속도감이 떨어지는 연기를 빠르게 나아가게 하는 수단입니다.

감독은 자신의 몸, 음성, 감정 등 모든 것을 활용해야 하며 카메라 뒤에서 자유로워야 합니다. 그러기 위해서는 인간의 본성을 꿰뚫는 날카로운 시선, 인간을 탐구하고 작품을 감상하는데 필요한 깊은 통찰력을 갖추어야 합니다.

감독은 자신이 생각하는 모든 것을 활용해서 극중 인물의 생각과 감정을 표현하고 배우에게 전달해야 하는데 지적, 감정적, 육체적 '나'의 모든 경험을 바탕으로 말해야 합니다.

TIP

감독은 창조적이어야 한다. 그러기에 기본적으로 배우 훈련이 필수적으로 필요하다. 우선 배우에 대한 이해이다. 이 부분은 따로 연기 코치가 있다 하더라도 영화에 대한 자세한 해석과 창조를 토대로 그들을 설득하고 대화해야 한다. 이런 작업은 예술적 창조이기보다는 감독의 기본적인 노력과 융합에 달린 작업이다.

감독이 배우의 몸을 피아니스트의 일개 피아노로만 생각한다면 극대화된 효과의 연기를 기대하긴 어렵다. 피아노와 정확한 조율은 연주에 필수이다. 악보를 볼 수 있어야 하고, 작곡자가 표현하고자 하는 그의 사상, 정서를 만족스럽게 전달할 수 있어야 한다. 감독은 그 배우가 무엇을 느끼며, 어떻게 표현하고 싶어 하며, 어떻게 표현할 수 있는가를 테스트하며 자신의 감정적 한계를 알아내고, 그 한계를 깨고, 부수고, 헤쳐 나올 수 있는 능력을 키워주는 사람이다.

반면 배우에게는 화가나 음악가, 그 어떤 예술가보다도 내면의 세계가 중요하다. 연기는 소재와 매체와의 구분이 어려운 작업이기 때문이다. 풍경화를 그리는 화가의 매체는 색이며, 그의 소재는 나무, 풀 등으로 이루어진 자연의 경치이다. 음악가의 매체는 음들의 높낮이와 길고 짧음이며, 소재는 마음의 상태라고 볼 때. 연기의 매체는 인간의 행위이고, 소재 또한 인간의 행위라고 하겠다.

연기란 가상의 상황, 즉 작품을 통하여 작가가 꾸며 놓은 상황을 실제와 같이 표현, 전달하는 것이다. 현실이 아닌, 무대 위에서 일어나는 모든 것을 현실이라고 관객에게 믿을 수 있게 하는 기술인 것이다. 그리고 그 도구는 오로지 자기 자신뿐이다. 모든 예술은 현실과 관련되는 듯이 보이지만 그저 현실에 대한 언급, 다시 말해서 현실에 대해서 어떤 정해진 표현만 해줄 뿐 현실을 사용해서 그 자체를 재료로 쓰는 예술은 연기밖에 없다. 색채나 선, 음의 고저와 장단으로 변신되지 않은 채, 배우의 사고 그 자체. 자신의 진정한 감각과 행위 자체가 쓰이기 때문에 현실 그 자체가 재료가 되는 것이다.

예술가의 내면의 세계. 그것은 상상력과 창조력이다.

5. 이해할 수 없는 것에 집착하지 마라

데카르트는 인간의 본성은 유한하고 신의 본성은 무한한 것이기 때문에, 내가 이해할 수 없는 것을 신이 만들었다고 해서 의아해하거나 신을 비난해서는 안 된다고 말합니다. 전능한 신이 왜 우리가 보기에 많은 것이 결여된 인간을 창조했는지, 그 이유는 우리 인간으로서는 헤아릴 수 없습니다. 그러나 우리가 알 수 없는 이유로 인해서 신은 불완전해 보이는 세계를 창조했을 수도 있습니다.

영화를 보다 보면 내가 이해하지 못하는 장면이 있다고

해서 비난할 수는 없습니다. 감독이 어떻게 그 장면을 만들었는지 내가 파악할 수 없다고 해서 무작정 비꼬고 힐난하는 태도는 오히려 자신에게 독이 될 것입니다. 영화의 해석은 본래 광대하고 헤아릴 수 없으며 무한하다는 것을 알아야 합니다.

영화는 눈에 보이는 것이나 자기 생각을 표현하는 것입니다. 하지만 영화를 보고 말한다는 것은 나만 보는 것이 아니라 다른 사람에게도 내 생각이나 작품을 보여주고 싶다는 의도가 내포되어있는 것입니다.

예술은 일방적인 의미 전달이 아니라 예술가와 감상자 간의 소통이라고 할 수 있습니다. 미술관에서 추상화같이 딱 보면 알 수 없는 작품들을 대중들은 이해하기가 쉽지 않습니다. 어떤 작품에 예술가는 A라는 의도를 표현했다면 대중은 작가가 표현한 A의 의미를 이해하고 생각하는 것이 감상입니다. 하지만 쉽게 이해할 수 없는 추상화나 이해하기 힘든 영화들의 의미를 대중들은 파악하기 힘들기 때문에 이러한 소통이 불가능해지고 일방적인 예술가의 표현밖에 되지 않는다는 불평만 남습니다.

심지어는 예술가에게 작품을 만들 때 자신의 신념을 표현하는 것도 중요하지만 대중의 시선도 고려해야 하는 것 아니냐고 비난하기까지 합니다.

저는 영화를 보는 사람들의 태도에서 종종 이상한 점을 발견하곤 합니다. 추상적인, 무의식적인, 난해한 혹은 모호한 영화에 대해 사람들은 일종의 반감을 품고 있습니다. 회화를 보는 태도와는 전혀 다릅니다. 영화는 즉각적이고 곧바로 해석될 수 있어야 한다는 생각의 근원이 궁금합니다.

타자와 세상에 대한 새로운 발상과 상상력을 재산처럼 키워온 예술가들도 영화 앞에서는 자의적 해석을 망설입니다. 영화가 늘 스스로 정답을 보여 주어야 한다는 생각은 영화의 다양한 해석을 방해합니다.

사람들은 이야기가 담겨있는 영화를 좋아하는데, 그건 우리가 이해하기 쉽지 않은 영화에 대해서만큼은 그 느낌을 이야기하기 싫어하는 것이 아닌가 싶습니다. 언젠가 영화를 보고 난 후 느낌을 정리해보는데 감독 자신의 의도와는 달리 많은 관객들이 정반대되는 관점의 평론을 남겨 당혹스러운 적이 있었습니다.

영화의 의미는 어떨까요? 지금까지는 '순간의 역사, 역사의 순간'이라는 의미가 더 크게 담겨 있는 기록영화를 더 많이 봤고 또 그런 영화를 더 쉽게 접할 수 있었기 때문에 영화를 보면서 그 의미에 대해, 내가 받은 느낌에 대해 스스로 생각해봐야 한다는 의식이 없었습니다. 그런데 영화는 모든 상상력을 동원해 감독의 신선하고 창의적이고 흥미로운 상상화를 감상하게 해 주는 장점이 있습니다.

그렇다고 영화가 상상력인 것만은 아닙니다. 현실이 너무나 강력해서 내 의지와 상관없이 인물의 위치를 정하고 결정한 것처럼 그 모습 그대로 현실 안에서 피해갈 수 없는 우리의 거울과 마주하게 됩니다.

그것은 프레임 안에서 무한한 상상의 세계를 펼치며 유쾌한 놀이를 하고 있지만, 영화는 우리 삶의 현실 또한 오롯이 담아내고 있음을 보여주는 증거입니다. 영화의 가치는 아름답다고 표현될 수 있는 것 너머에 있습니다. 영화는 우리의 가치관을, 우리의 사고 구조를, 우리가 사는 방법을, 이미지를 통하여 보여주는 인간 정신의 표현입니다.

영화는 우리의 일상과 동떨어진 감상을 위한 예술품도 아니며, 생활에 필요한 오락만을 만들어내는 경제적 생산물도 아닙니다.

영화는 인간의 삶을 제 안에 담는 그릇입니다. 단순한 영화의 구조에 대해서만 생각하고 있던 제가 그 말뜻을 이해하고 영화에 담겨있는 사상과 철학을 고민해보게 되었다는 것은 어쩌면 영화를 만들면서 의식의 확장을 가져왔다는 긍정적인 변화였을지도 모르겠습니다.

예술로서의 영화는 인간의 삶을 영상으로 기록하고 종교적 의식이나 기도를 하는 것과 다르지 않습니다. 또한 아름다운 그림과 조각과 문학과도 다르지 않습니다.

행복하고, 즐겁고, 흥겹고, 기쁘고, 아름다운 삶과 인생의 관계를 이해함은 예술로서 영화를 바라보는 근원적 바탕입니다. 영화는 이 순간 거대한 크레인 같은 장치와 어마어마하게 큰 철골구조물로 생성되는 것이 아니라, 그것을 누리는 우리 자신의 일상 속에서 탄생하는 것입니다.

TIP

영화 연출은 영화 언어를 이해하는 것에서 출발해야 한다. 영화는 숏과 숏의 연결을 통해 이루어지며, 이러한 연결 관계를 관객들이 인식하지 못할 때 한 편의 영화는 관객들에게 독립된 작품으로 인정받게 된다. 이처럼 한 편의 영화가 자연스러운 콘티뉴이티(continuity : 연속성)를 지니게 하기 위해서는 편집 과정에 많은 힘을 쏟아야 하겠지만, 또한 촬영 단계에서부터 고려되어야 할 중요한 사항이다. 이를 위해 스크립트 슈퍼바이저는 배우의 연기를 유심히 살펴보고, 이를 스크립터에 기록해 다음 촬영 때에는 더 나은 연기를 할 수 있게 해주어야 하며, 필름의 종류, 카메라 앵글, 사이즈, 위치, 움직임, 카메라와 피사체와 거리, 조명, 배경 등을 꼼꼼히 기록해 놓고 다음 촬영에 대비해야 한다.

'영화는 시간의 예술'이란 말도 있듯이, 감독은 현실 세계의 시간 경과를 영화에서 어떻게 표현할 것인지 충분히 검토해야 한다. 하나의 숏 안에서 영화적 시간은 현실과 일치하는 것이 일반적이지만, 패스트 모션(fast motion)이나 슬로 모션(slow motion)에 의해 현실의 시간이 변형되는 경우도 있다. 패스트 모션은 현실 시간을 단축시키기 위해, 혹은 인물이나 상황을 희화시키기 위해 사용되며, 슬로 모션은 현실 시간을 연장시켜 특정 장면을 강조하거나 숭고함, 비장함을 전달하기 위해 사용된다. 또한 특정한 연출 기법을 통해 숏과 숏 사이의 영화적 시간을 표현하기도 한다.

6. 친구들과 소모적인 논쟁을 벌이지 마라

지구상에는 강수량이 배추 작황에 미치는 영향을 따지는 김치 칼럼니스트는 없지만, 강수량이 포도 작황에 미치는 영향을 따지는 와인 칼럼니스트는 수백 명이나 됩니다. 그 많은 와인 평론가들은 정작 와인을 둘러싼 사실 자체에는 별 신경을 쓰지 않습니다. 다만 그들은 자신의 생각이 사실이라는 데에만 관심을 둘 뿐입니다.

논쟁을 양산하는 배경은 여러 가지겠지만, 우려와 찬탄 그리고 질투라는 복잡 미묘한 이유가 섞여 있지 않을까 생각합니다. 핵심을 비껴간 논쟁은 지켜보는 사람들을 짜증나게 하고 그것이 지나치면 분노케 만듭니다.

학교에서 가정에서 영화를 감상한 후 사소한 말다툼이 벌어지는 경우가 종종 있습니다. A와 B의 의견 차이 혹은 C에 대한 D의 반항 등 원인은 여러 가지입니다. 때로는 본인들뿐만 아니라 주위 사람까지 끌어들여 끊임없이 논쟁을 펼치곤 합니다. 물론 그런 논쟁이 의미가 있는 경우도 있습니다. 논쟁을 통해 새로운 사실을 알게 되거나 자신의 주장과 생각이 스스로 정리될 때도 있고 서로에 대한 이해가 깊어지기도 합니다.

하지만 백해무익한 논쟁이 십중팔구입니다. 우리는 오로지 자신의 생각과 감정을 만족시키기 위해 논쟁을 벌이는 경우가 많습니다. 한마디로 시간 낭비, 감정 낭비인 경우가 대부분입니다.

주관적 오류에 빠지면 자신의 논리마저도 매우 부정적인 영향을 주게 됩니다. 감성적 논리에 치우치게 되기 때문입니다. 논쟁은 반대 입장 사이의 문제 제기와 방어의 형태를 띠며, 개념 하나하나가 논쟁의 방향성을 결정할 정도로 중요한 의미를 가지게 됩니다. 즉 개념 규정의 소모적인 의미만 나열하다 보면 본질에 어긋나고 결국 소모적인 논쟁으로 흐를 수밖에 없습니다.

인생이란 무엇인가요? 정답은 없습니다. 마찬가지로 영화도 정답이 없습니다. 정답이 없는 영화를 가지고 자신이 생각하는 정답을 제시하고 그 반대의 생각을 하는 사람들과 소모적인 논쟁을 벌이는 것은 결국 시간 낭비입니다.

오히려 그런 논쟁과 싸움 할 시간에 글을 쓰는 것이 훨씬 유용합니다. 글을 쓰면 자신의 주장과 생각이 창의적으로 변하게 됩니다. 두뇌를 자극하고 마음을 움직여 새로운 내용들이 떠오르고 자신만의 고유한 색깔을 가지게 됩니다.

때로는 영화를 만든 감독의 의도와는 완전히 다른 부분으로 나아가기도 하지만 그것 또한 창의적인 과정이니

괜찮습니다. 자기 안의 잠든 거인을 깨우는 가장 훌륭한 방법은 글쓰기임을 명심하길 바랍니다.

TIP

조조와 유비, 손권이 천하를 다투던 시절. 조조의 백만 대군이 유비를 뒤쫓은 적이 있다. 하지만 백만 명이 쫓았어도 유비를 사로잡진 못했다. 장판교에서 장비 혼자 서서 "올 테면 와라"라고 버티자 조조 진영이 혼란에 빠져버린 것이다. 조조 측이 회의를 거듭하는 동안 유비는 멀리 멀리 사라져 버렸다. 삼국지에서 유명한 장판교 대전이다.

조조가 장비의 허장성세를 눈치챘지만 이미 때는 늦었다. 지금 한국의 관객들이 벌이는 논쟁을 보고 있노라면 페르시아군이 생각나고 조조가 생각난다.

7. 남의 생각을 뜯어고치려고 하지 마라

사람들은 누구에게나 생각할 수 있는 능력이 있습니다. 저는 여러 자리에서 바람직한 영화감독이 어떤 사람이냐는 질문을 많이 받게 됩니다. 나는 감독을 하면서 사람을 뽑을 때 자신이 틀릴 수 있고 다른 사람 의견이 옳을 수 있다는 열린 사고를 하는 사람인지를 가장 중요하게 봅니다. 그런 열린 사고를 하는 사람이라면 부단히 변화와 발전을 거듭할 수 있을 것이고 타인을 존중함으로써 결과적으로 더 큰 성취를 이뤄낼 수 있을 것이라고 생각했기 때문입니다.

존 스튜어트 밀은 사상과 말의 자유를 논하면서 자신의 생각이 틀릴 수도 있음을 인정하는 것이 중요하다고 강조했습니다. 자신이 속한 '세상', 즉 당파, 교회, 사회 계급 등의 틀에 갇혀 있어서는 안 되고 '다른 세상'의 생각도 존중해야 한다는 것이었습니다.

다른 사람의 생각을 존중한다는 것은 인지적 측면에 있어서는 먼저 나의 생각보다 상대의 생각이 더 타당성이 있을 수도 있다는 전제하에 그 생각을 충분히 고려해주고 그것에 대한 나의 생각을 적극적으로 말하며 둘 사이에서 오는 갈등에 대해 충분히 심사숙고해주는 정도가 아닐까 싶습니다.

또한 감정적인 측면에서는 상대의 감정을 상하지 않도록 노력하는 태도가 동반되어야 합니다. 만약 이러한 과정 가운데 갈등이 발생하여 감정적인 충돌이 생겼다면 그것을 해결하기 위해 나를 낮추는 자세 또한 반드시 필요합니다. 하지만 그 충돌이 원인이 되어 생각 자체를 바꾸는 것은 옳지 않으며 다만 상대의 감정선이 붕괴되었을 때 그것이 회복되기 위하여 어느 정도 시간을 가진 후 다시 이야기를 듣는 것이 옳은 방법입니다.

불관용은 영화의 소통과 통합을 가로막는 최대의 적입니다. 만약 감독을 하는 사람이 자신의 생각과 다른 주장을 하는 사람들을 무시하고 통제한다면 영화의 소통은 불가능할 것입니다. 영화의 기본 전제는 소통이고 자유이기 때문입니다. 자유는 어떤 행위를 내 마음대로 해도 되는 것을 의미하지는 않습니다. 오히려 내 생각이 틀릴 수도 있다고 믿어야, 나의 믿음만큼이나 타인의 믿음과 소신도 소중하다는 깨달음을 얻을 것입니다.

자신의 고유한 세계를 구축해 나가되, 다른 사람의 생각도 존중하고 인정할 줄 아는 성숙한 영화인으로 성장해야 합니다. 내 주위 영화인들은 선의의 경쟁 상대이자 더불어 살아가는 동료이고 친구라는 사실을 잊지 말아야 합니다. 프랑스인은 자기 생각이 존중받기 위해서는 다른 사람의 생각도 존중해야 한다고 믿습니다. 이것이 프랑스인이 말하는 톨레랑스(tolerance·관용) 정신입니다.

문화 다양성과 톨레랑스 정신은 프랑스 사회를 지탱하는 힘이자 예술의 원천입니다.

경쟁 논리의 배타적 패러다임에 포획되어서는 상호 이해와 공생의 정신에 바탕을 둔 예술인의 지평을 열어 갈 수가 없습니다. 형제애는 모든 사람과의 결합과 인간적 유대·일치의 경험, 우리 모두가 하나라는 인식에 기초합니다. 타인에 대한 책임감, 배려, 존경 등을 의미하는 형제애는 더불어 사는 세상을 지향하는 참된 예술인의 모습과 닮아 있습니다.

8. 반대 의견을 올바로 받아들여라

만약 당신이 이 세상에서 훌륭한 작품을 해내고 싶고, 당신이 감독으로서 다른 사람들의 삶에 영향을 주고 싶으며, 당신이 감독으로서 행복하고 스트레스에서 벗어난 인생을 살고 싶다면 당신은 다른 사람들의 반대 의견을 올바로 받아들여야 합니다. 상대방의 반대 의견을 자유롭게 받아들일 수 있는 것이 아주 중요합니다. 이 행동이야말로 당신이 시초가 될 수 있고, 감독이 될 수 있고, 창조자가 될 수 있는 단 하나의 중요한 방법입니다.

하지만 불행하게도, 다른 사람들의 의견을 받아들인다는

것은 매우 어려운 일입니다. 다른 사람의 반대 의견을 수용한다는 것은 내 생각을 포기하고 양보하는 일이기에 조금은 억울하고 맘 상하는 감정이 생기는 건 너무나도 자연스러운 것이니까요. 나의 의견에 반대하는 그 감정은 확실히 불편함을 불러옵니다. 하지만 우리는 모두 인생의 한 부분에서 자신에 대해 표현하는 데 어려움을 겪습니다. 만약 당신이 만들어낸 영화를 이 세상에 보여주는 것에 조금도 두려움을 느끼지 않아 왔다면, 당신은 아마도 확실히 기회를 잡지 못했을 수 있습니다. 창조의 행동은 당신이 집단에서 벗어나, 자발적으로 혼자가 되는 것을 말합니다.

'다른 사람의 마음을 헤아리는 힘' 이란 다른 사람의 감정을 읽고 감지하고 느낌으로서 타인의 진심을 가늠할 수 있는 능력을 말합니다. 다른 사람의 마음을 헤아리는 것은 감정이입을 통해 가능합니다. 감정이입이란 다른 사람이 처한 상황을 마치 내가 처한 상황처럼 이해하여 그가 느끼는 감정을 똑같이 느끼는 능력을 말합니다.

타인의 진심을 헤아리는 일은 어려운 일입니다. 왜냐하면 인간은 원래 자기중심적으로 세상을 바라보는 동물이기 때문에 그렇습니다. 대부분 자기 생각, 자기감정이 중요하고 그에 깊이 빠져 있기 때문에 오랜 세월 동안 차곡차곡 쌓인 그 편견들에 갇혀 다른 사람의 처지에서 생각하기 어렵고 다른 사람의 생각과 감정을 온전히 받아들이고 이해하기도 어렵습니다.

그래서 우리는 다른 사람의 진심을 제대로 보지 못할 때가 많습니다. 그렇지만 분명한 점은 다른 사람의 마음을 헤아릴 수 있을 때 다른 사람과 진정한 관계를 맺을 수 있고 행복한 인생을 가꾸어 갈 수 있다는 것입니다.

TIP

만약 당신이 다른 사람의 의견에 대해 걱정하기 시작한다면 다음 사실들만 기억하길 권한다.

1. 아무도 당신만큼 신경 쓰지 않는다는 것이다. 사람들은 매우 자기중심적이다. 우리는 모두 자기 사고에 갇혀 있고, '나'만이 중심이고 전부이니까. 모두 다들 자기만의 일인칭 시점이 있고, 그러므로 우리의 모든 시간을 나 자신에 대해 생각하는 데에 활용해야 한다. 사실, 사람들이 아무렇게나 내뱉는 비판들은 대개 자기 자신에게 내뱉는 독백이라 생각하면 된다. 그리고 꼭 명심하라. 당신 인생에서 큰일이라고 생각하는 것은 다른 이들의 일상에는 아주 작은 일일뿐이라는 것을.

2. 걱정은 무의미하다. 사실 다른 사람들은 당신을 어떻게 생각하는지 모를 뿐만 아니라, 관심이 없는지도 모른다. 남들이 당신에 대해 갖고 있는 의견을 바꿀 수 있는 길은 거의 없다. 왜냐하면 바뀔 수 없기 때문이다. 당신이 어떻게 해볼 수 있는 것은 지금 이 순간 당신이 무엇을 할 수 있는가 하는 생각과 그 행동을 하는 것뿐이다.

9. 뭔가 있는 것처럼 보이려고 애쓰지 마라

누구나 청소년기에 인생의 1차 진로를 결정하게 됩니다. 그래서 이것저것 많은 것들을 생각해 보지만 정말 자신이 뭘 좋아하는지, 뭘 원하는지는 잘 알지 못합니다. 게다가 그것을 알아내는 게 말처럼 쉬운 일이 아닙니다. 그러기에 많은 조언이 필요한 시기가 청소년 시절입니다.

인생이라는 긴 시간 동안 가장 격렬하게 겪어야 하는 과도기는 바로 10대가 아닐까 싶습니다. 법적으로 성인이 된 후, 대학에 들어왔지만 정작 자신이 무엇을 해야 할지, 자신의 삶을 위해 어떤 목표를 가지고 살아가야 하는지, 자신의 삶이 어떻게 될지, 성인이라는 껍데기를 쓴 채 알 수 없는 현재를 불안해하는 것 또한 사실입니다.

하지만 봄에 내린 눈이 움을 틔우기 시작한 꽃봉오리를 더욱 단단하게 만들어주듯 삶에서도 이러한 시간은 반드시 필요합니다. 어쩌면 청소년 시절엔 마지막으로 매섭게 내리는 눈을 견디는 시간을 보내고 있는지도 모릅니다. 때로는 끝도 없이 불안하고, 불안정하지만 이 눈이 녹고 나면 따스한 봄날이 올 거라는 기대를 품어야합니다.

진정한 꿈이란 무엇인가요? 어릴 때 다들 한 번씩 '나는 무엇이 될 거야' 하면서 다짐을 하게 됩니다. 이 다짐이 공허하고 손에 잡히지 않는 꿈의 상태일 때는 꿈으로 느껴지지 않고 이건 이루어질 수 없는 것인가 하는 생각도 하게 됩니다.

큰 꿈은 꾸더라도 말 그대로 큰 꿈이기에 당장 현실감

있게 다가오지는 않습니다. 그래서 꿈에 대한 좌절감이 들기도 쉽습니다. 운동도 준비운동 없이 시작하게 되면 몸에 무리가 가고 오히려 몸을 망치게 됩니다.

기본이 중요하다는 건 모두가 알고 있지만 삶의 기본을 중요시하는 일은 습관화되지 않은 것이 현실입니다. 어느 한 친구에게 꿈이 무엇이냐 물어보면 별 욕심 없이 직장만 구하면 된다고 생각하여 그에 맞게 진로와 직업을 선택하고 학교에 가는 친구도 있습니다. 맘껏 꿈을 꾸어도 괜찮을 나이에 꿈을 꾸지 못하고 평범한 직업을 갖는 것을 꿈 대신 최고의 목표로 삼게 됩니다.

'좋아한다'는 마음에는 세 종류가 있습니다. 누가 뭐래도 진짜 좋아하는 게 있고, 자연스레 그냥 좋아하는 게 있고, 나쁘지 않아서 좋은 게 있습니다. 평소에는 모르고 지나치지만 좋아하는 많은 것들 중에서 하나만 선택해야 할 때만이 정말 좋아하는 것을 알 수 있게 됩니다. 사람들은 매 순간 최선의 선택만 하려고 합니다. 하지만 현실적으로 이런 기회가 많지 않아서 차선의 선택을 하는 경우가 대부분입니다.

진정한 꿈을 찾는 것은 내 손에 잡힐 만한 꿈부터 시작해야 합니다. 작은 계획, 작은 목표를 설정해 가면서 큰 꿈을 가지고 앞으로 나아가야 합니다. 일시적인 꿈이 아니라 지속적으로 언제까지라도 할 수 있는 꿈을 꾸도록 자꾸 훈련을 하며 습관을 만들어야 합니다.

꿈이 없다면 삶에 의욕이 넘쳐야 할 젊은 나이에도 의욕 없는 모습을 보게 됩니다. 나이가 적든 많든 간에 제1의 인생을 살다가 제2의 인생을 새롭게 시작하는 사람들도 보게 됩니다.

인생에는 돈이나 권력보다 훨씬 가치 있는 일들이 많습니다. 그러니 여러분들도 자신만의 진짜 꿈을 찾아 평생 좋아하는 일을 할 수 있길 바랍니다.

TIP

1. 소소한 경험을 무시하지 마라.

2. 막연한 동경과 진정 내가 원하는 것을 혼동하지 마라.

3. 꿈이 자꾸 변한다고 고민하지 마라.

4. 큰 꿈은 잘게 부숴라.

—

3부. 감독의 지름길

—

—

인생은 불필요한 것들을 깎아내는 것으로
완성된다. 불필요한 것들을 깎아내다 보면 비로소
자신다움을 되찾게 된다.

– 다른 사람들의 영화평과 생각에 귀 기울여라. Tip 중에서

—

1. 아이들의 눈으로 영화를 보고 질문을 하라

아이들의 일상은 질문으로 가득합니다. 궁금한 것이 너무도 많기 때문입니다. 어른들은 아이들의 엉뚱한 질문에 난감해하기도 하지만, 아이들의 질문은 중요합니다. 질문이 생각을 이끌어내기 때문입니다.

아이들은 일상 속에서 빠질 수 없는 질문들, 이를테면 '배운다'는 건 무엇인지, '생각한다'는 건 무엇인지, '친구'는 어떤 사람인지를 묻고 생각의 폭을 넓히며 답을 찾아갑니다. 이런 질문들 속에서 아이들은 스스로 생각하는 힘을 키우고, 질문을 던지고 답을 찾으며, 세상을 바라보는 눈을 만들어 나갑니다.

영화는 글이 말로 변하고, 시각이 공감각으로 변하는 걸 말합니다. 밤하늘의 별만큼 세상에는 무수히 많은 사람들이 존재하고, 수많은 영화도 존재합니다. 그렇기 때문에 같은 영화를 보고도 저마다 다른 느낌을 받습니다.

홍상수 감독의 영화를 누구는 야한 영화라 할 수도 있고, 어느 누군가는 인간의 이중성을 잘 표현해 내는 영화라고도 할 수 있고, 어느 누군가는 삶의 본질을 파고드는 영화라고도 말할 수 있습니다.

이들이 다 다른 얘기를 한다고 하여, 이 영화가 다른 감독의 작품이겠는가? 아니면 이들의 얘기 중에 영화를 잘못 본 오답이 있는가? 질문은 정답을 이끌어내는 것이 아니라 질문 자체에 그 사람의 생각과 소망이 숨겨져 있는 것입니다.

질문한다는 건 뭘까요? 질문한다는 건 왜 이런 일이 일어났는지 돌이켜 보는 일이기도 하고, 어떻게 하면 문제를 풀 수 있을지 궁리하는 일이기도 하고, 앞일을 떠올려 보는 일이기도 합니다.

또 마음속 나와 대화를 나누는 일이기도 합니다. 나 스스로 질문하는 연습을 통해 생각하는 힘이 길러집니다. 사람에 대한 호기심이 생기고, 그로 인해 관찰력이 길러지며, 새로운 꿈을 꾸게 되고, 사물과 사람을 이해할 수 있는 근육이 생기게 됩니다. 질문하는 힘이야말로, 오늘을 행복하게 살아가고, 내일을 꿈꿀 수 있는 바탕이 됩니다.

사람은 질문을 받으면 그 질문의 답을 찾기 위해 생각하게 됩니다. 당신은 어렸을 적 부모와의 어떤 추억이 떠오릅니까? 아마도 질문을 받자마자 어릴 때의 기억을 되살려내 무척 갖고 싶었던 장난감을 생일 선물로 받고 눈물이 날 만큼 기뻤던 일이 떠올랐을 수도 있습니다. 평소에 우리는 어린 시절을 거의 잊고 지내지만, 그러다가도 질문 하나만 받으면 이처럼 시공을 몇십 년이나 거슬러 올라가 기억을 되살리게 됩니다. 즉 질문을 받으면 생각하고, 답하는 과정이 자연스럽게 이뤄집니다. 마치 누군가 강제로 끌어낸 것처럼 저절로 생각하고 답하게 되는 것입니다. 질문에는 이처럼 '사고'와 '답'을 강제하는 기능이 있습니다. 파블로프의 개가 벨 소리에 반사적으로 침을 흘리듯, 우리도 질문을 받으면 반사적으로 생각하고 답을 하게 됩니다.

"왜 질문을 해야 해?" 질문하면 가치관이 생기고, 내 삶을 주도적으로 살 수 있게 됩니다. 질문하기 시작하면 영화가 즐겁고 근사하고 게다가 위대한 생각까지 할 수 있게 됩니다. 위대한 질문은 위대한 행동을 낳고 위대한 창작을 낳는 핵심입니다.

말 한마디, 질문 하나로 스스로 생각하고 움직이게 합니다. 유명한 일화가 있습니다. 기원전 202년 해하에서 일전이 벌어집니다. 양 진영 간의 운명을 건 한판 승부였습니다. 이때 항우와 유방은 각각 참모들과 전략전술 회의를 엽니다. 항우가 참모들에게 물었습니다.

"어떠냐?"

백전백승의 주군이 내놓은 전략전술에 누가 감히 토를 달 수 있을까요.

유방도 묻습니다.

"어떻게 하지?"

두 질문의 차이는 무엇일까요. 항우는 자신이 내놓은 의견에 대해 일방적으로 동의해줄 것인지를 물었습니다. 유방은 많은 사람들의 의견을 듣고 최적의 안을 결정하겠다는 것입니다. 이 한마디 질문이 커다란 결과를 불러와 결국 이 전쟁에서 유방은 승리했고 항우는 자결합니다. 유방과 항우의 승패가 뒤바뀔 수 있었던 것은 질문과 소통의 위대한 힘 때문이었습니다.

무슨 일이든 시작 단계에서는 대부분이 "그것은 할 수 없다", "그것은 무리다" 등 부정적인 이유가 뒤따릅니다.

행동의 변화를 일으킬 수 없는 이유가 고구마 줄기처럼 줄줄이 뽑혀 나옵니다. 그러나 명심해야 합니다. 질문을 어떻게 하느냐에 따라 상대의 생각이 바뀌게 됩니다.

2. 자기가 본 영화 내용을 남들에게 들려주는
습관을 길러라

우리가 늘 그대로인 이유는 무엇인가요? 1월에 당신이 세웠던 '올해의 목표'를 기억하고 있나요? 늘 계획만 세우고 중도에 포기하여 이젠 계획조차 세우지 않게 되었는가요? 많은 이들이 한 해, 한 주가 시작될 때마다 저마다의 목표와 계획을 세웁니다. 새해 결심으로 빠질 수 없는 금연과 다이어트, 자기계발을 위해 한 번쯤 세워봤을 영어 공부하기, 한 달에 두 권 이상 독서하기, 하루 한 시간 운동하기 등등 말이죠.

누군가는 넘치는 열정을 주체하지 못해 덜컥 비싼 영어

학원에 등록하고 헬스클럽에 1년 치 돈을 내기도 합니다. 하지만 당신이 세웠던 그 찬란한 목표와 계획들 얼마나 잘 지켜지고 있는가요? 항상 결심하고, 포기하고 또 결심하고 또 포기하며 반복되는 우스꽝스러운 행동은 왜 일어날까요? 정말 의지가 약하고 변화하고 싶다는 열망이 부족하기 때문일까요?

미국의 스티븐 기즈는 《습관의 재발견》에서 "문제는 당신의 의지가 아니라 습관이다!"라고 말합니다. 습관이 잘못되었으니 결과도 항상 부정적일 수밖에 없다고 말합니다. 저자는 우리가 통상 널리 알려진 자기계발 및 습관 만들기에 관한 통념을 거부하며 '무조건 실천 가능한' 전략으로 '작은 습관 프로젝트'를 제시합니다.

사소하지만 강력한 '작은 습관'의 힘! 모든 기적 같은 변화도 작은 한 걸음에서 시작합니다. '작은 습관 프로젝트'는 아주 사소한 긍정적 행동을 매일 실천하도록 하는 것을 뜻합니다. 작은 습관은 '지키지 않는 것이 더 어려울 만큼' 너무나 쉽고, 작고, 가볍고, 사소함으로부터 시작하는 것을 말합니다.

지금부터는 작은 습관을 실천하는 일만 남았습니다. 아주 쉽고 재미있는 습관이 중요합니다. 그건 바로 영화를 본 후 남에게 들려주는 습관입니다. 영화를 본 후 혼자서만 생각하면 그 영화가 온전히 자신의 것으로 소화되지 못한 채 기억에서 사라지게 되어있습니다.

영화를 감상했다면 어느 누군가에게 반드시 이야기를 전달해야 합니다. 그냥 시시껄렁하게 말을 해도 상관없습니다. 아주 편안하게 가감 없이 영화의 스토리와 주제를 자신의 주관을 가지고 이야기하는 것입니다.

그래서 어떻게 이야기할 것인가? 누구나가 자신의 이야기를 흥미롭고 재미있게 듣기를 원할 것입니다. 그러려면 이야기의 구성을 알아야 합니다. '구성' 이란 '무엇을 어떤 순서로 할 것인가' 를 결정하는 일입니다.

구성이란 말하고자 하는 내용의 논리적 연결입니다.

영화를 보면서 전체적으로 무슨 얘기를 하려고 하는지 모른다면 일단 구성이 잘못된 것입니다. 잘된 구성은 전체 의도가 매우 잘 묻어납니다.

영화를 만드는 쪽도 마찬가지입니다. 영화를 만들려면 구성을 먼저 해야 합니다. 구성은 두 가지 측면에서 접근할 수 있습니다. 첫째는 건물을 짓는 것처럼 밑바닥부터 설계해야 합니다. 잘 만든 영화는 설계도에 맞게 지은 튼튼한 건물과 같습니다. 설계도가 엉성하면 건물이 제대로 지어지지 않을 뿐만 아니라 완성되었다 하더라도 언제 붕괴될지 모릅니다.

또한 구성은 양파를 까는 것과 같습니다. 관객에게 다음에는 어떤 것이 나올지 궁금하게 만들어야 합니다. 이로 인해 관객은 호기심과 궁금증을 유지하고 다음에 나올 것을 예측하면서 때로는 맞고 때로는 틀리면서 영화에 빠져드는 것입니다.

여러분은 혹시 어릴 적 엄마나 아빠의 무릎을 베고 누워

듣던 옛날이야기가 생각나는가요? 그때 기억을 더듬어 보시길 바랍니다. 옛날이야기를 들으면서 가슴 조이고 눈물 훔치던 그 기억을 다시 꺼내어 보시길 바랍니다. 그 이야기 구조가 바로 여러분에게 말하려는 구성입니다.

아직도 여러분의 머릿속에 생생히 남아 있는 이야기, 여러분이 들으면서 "엄마, 다음은요?"라며 다음에 어떤 이야기가 나올까 궁금해했다면 그 스토리는 좋은 것입니다. 바로 여러분도 영화를 본 후 주변 사람들에게 그렇게 들려줘야 합니다. 그렇게 하고자 하는 이야기를 상대방에게 들려주면 그 이야기는 온전히 여러분의 것이 될 것입니다.

언제나 첫 시작이 가장 어려운 이유는 실행과 약속이라는 어마어마한 무게가 실려 있기 때문입니다. 하지만 '작은 행동'들은 매일 실천할 수 있고, 매일 나만의 목표를 달성할 수 있으며, 매일 어떤 변화의 체험을 쌓을 수 있게 합니다. 그리고 매일의 그 작은 체험들은 어느 순간 눈덩이처럼 커져 당신이 생각지도 못했던 엄청난 변화를 가져오게 됩니다.

여태껏 스스로 해온 핑계와 변명, 자기합리화는 이젠 버려야 합니다. 자신의 나약함을 한탄하며 좌절하던 기억은 잊고 매일 성공하는 '작은 습관 프로젝트'로 미래를 바꾸어야 합니다. 작은 습관은 당신의 삶을 좌절과 패배의 기억이 아닌 지속적인 성공과 자기 존중감으로 가득 채워주는 위대한 변화를 향한 첫걸음이 되어줄 것입니다.

거창한 목표 아래 보잘것없는 결과만 얻는 수많은 사람 중 하나로 남아선 안 됩니다. 보잘것없는 목표 아래 위대한 결과를 얻는 단 한 명의 사람이 되도록 해야 합니다. 이것이 바로 작고 사소한 행동으로 위대한 결과를 만드는 '작은 습관'의 힘입니다.

3. 영화마다 나만의 동기부여를 하라

'당근'과 '채찍', 두 단어를 보면 어떤 생각이 드나요? 실제로 어떠한 일을 하기 위한 동기부여에 있어 당근과 채찍은 떼려야 뗄 수 없는 단어이기도 한데요. '드라이브'의 저자이자 미래학자인 다니엘 핑크는 다양성과 창조성이 중요시되고 있는 요즘 당근과 채찍은 성과를 감소시키고 창의성을 키우지 못하게 하는 등의 한계를 가진다고 말합니다.

그런 그가 말하는 동기부여의 가장 큰 요인은 바로 자율성, 숙련, 목적입니다. 하지만 그 속에 담긴 가장 큰 틀은 바로 자기 주도적인 자발적 동기부여라는 개념입니다. 어떤 일을 하기에 앞서 우리는 그것이 잘될지 안 될지 불안이 앞섭니다. 그럴 때마다 '나는 할 수 있어!' 라는 자신감과 용기도 중요하지만 그보다 '내가 잘 할 수 있을까?' 를 먼저 생각하며 스스로 동기부여를 생각할 시간을 갖는 것이 더 중요하다는 겁니다.

서비스 하나로 미국 최고의 식품 기업이 된 징거맨의 폴 새기노는 자신의 식당에서 직접 시중을 드는 CEO로 유명합니다. 그는 경영자가 직접 걸레로 바닥을 닦고, 휴지를 줍고, 문을 여는 따위의 사소한 행동이 모두 모범이 될 수 있다고 말합니다. 그리고 이러한 경영자의 모범은 말단 직원들에게까지 전파됩니다.

'핑크 캐딜락의 여인' 이라 불리며 메리 케이 주식회사를 설립한 메리 케이 애시는 끝없는 열정과 인간을 존중하는 독특한 리더십을 바탕으로 성공의 열쇠를 거머쥐었습니다. 메리 케이 애시는 어린 시절에 한 기업 총수와 악수하기 위해 몇 시간 동안 줄 서 기다렸던 일을 내내 잊지 못합니다. 당시 그 기업 총수가 그녀와 악수를 하자마자 시선을 돌려버리는 것을 보고, 그녀는 만약 자신이 그런 상황에 처하게 된다면 앞에 있는 사람에게 집중하며 상대방의 존재를 인정해 주겠노라고 결심하고 이를 경영에 반영합니다.

누구나 인생의 오르막과 내리막이 있습니다. 내리막길을 걷고 있노라면 깊은 슬럼프에 빠지기도 하고 한계에 부딪히기도 합니다. 멘토를 만나거나 독서를 하는 등 스스로 빠져나오려고 발버둥 치지만 매우 힘들고 때론 긴 시간이 필요할 때가 있습니다.

기업과 조직의 리더들이 가장 심혈을 기울이는 분야 중 하나가 구성원들의 업무 의욕을 고취시키는 동기부여 활동입니다. 동기부여는 개인의 욕구를 충족시키는 동시에 조직의 목표를 달성할 수 있게 해주는 핵심 요소이기 때문입니다.

진정한 의미의 동기부여는 무력이나 위협이 아닌 자발적인 참여에서 비롯됩니다. 자발성을 잃은 강압적인 동기부여는 일시적으로 사람들을 따라오게 만들 수는 있어도 가치 있는 결과를 가져오지 못합니다. 따라서 진정한 의미의 동기부여는 인간의 내면으로부터 나오는 것이지 외부로부터 강요될 수 있는 것이 아닙니다.

구성원들에게 동기부여를 하려면 그들의 마음을 움직여야 합니다. 그들을 감동시키고, 그들에게 사기를 북돋아주고, 그들의 가슴속에 활기를 불어넣어야 합니다. 구성원들이 스스로 동기부여 하는 분위기를 조성하기 위해서는 리더가 확실하게 모범을 보이고, 명확하게 커뮤니케이션 하고, 창조적으로 도전하고, 과감하게 권한을 위임하고, 적절하게 코칭하고, 의미 있게 인정해주고, 전체의 이익을 위해 희생하는 행위가 필요합니다. 스스로 모범이 되고 존경을 받음으로써 구성원들의 자발적인 헌신과 열정을 이끌어내는 사람이 최고의 리더입니다.

동기부여는 전형적인 리더십 행위입니다. 구성원들이 만족감과 성취감을 갖고 더불어 조직이 발전하기 위해서는 리더가 어떻게 해야 하는지가 가장 중요합니다.

무언가를 시작하기 전에 구호나 다짐을 외치고 시작하는 것! 그 일에 대해 사전 정보를 알아보고 계획하고 생각하는 모든 것이 더 잘하기 위한 동기부여의 첫걸음이라고 생각합니다. 동기부여의 힘을 믿고 앞으로 우리도 끊임없이 반복하고 되뇌면서 발전과 변화를 느껴보는 건 어떨까요?

TIP

끝까지 버텨라!
우리에게 닥친 일이 우리가 원하는 대로 되지 않을 때 그것이 바로 우리의 인생이다. 화를 내며 그만두고 싶다는 생각이 들 수 있다.

하지만 좌절한 만큼 우리는 자란다.
우리를 화나게 하는 것만큼 자란다.
포기하는 마음은 어리석은 마음이다.
그만두면 다 괜찮아질 거라고 믿는 어리석은 마음이다.
우리도 모르는 사이 이미 이만큼 오지 않았던가.

지금 그만두면 그동안 노력한 것에 대한 그 어떤 성과도 얻을 수 없다.
무슨 일을 하든지 어려움은 있다.

하지만 끝까지 포기하지 않는 사람에게는 길이 존재하기 마련이다. 어려움에 봉착했을 때 포기 말고 한 걸음 더 나아가라. 그러고 나면 어느새 어려움은 저만치 사라졌을 것이다.

눈앞에 닥친 문제에 이렇게 말해라. "내가 너보다 더 크다." 포기하지 않고 끝까지 버티면 이 말이 사실임을 증명하는 것이다.

매일 마지막인 것처럼 살아야 한다. 매 순간을 즐기자.
편안한 자세로 앉아 눈을 감고 이 세상이 좀 더 살기 좋은 곳이라고 상상해 보라. 이 세상을 좀 더 살기 좋은 곳으로 만들기 위해 자신이 무엇을 할 수 있을지 생각해 보라.

자신이 원하는 것을 꿈꾸어라. 그리고 자신의 꿈이 현실이 되도록 계획을 세워라.

성공적인 사람이 되려고 하지 마라. 그 대신 가치 있는 사람이 되려고 해라.

4. 다른 사람들의 영화평과 생각에 귀 기울여라

다른 사람의 말에 귀 기울일 때는 마음으로만 듣지 말고 몸 전체로 들으십시오. 몸 안의 에너지 영역을 느끼면서 들으십시오. 그러면 생각으로부터 주의력이 돌려져 마음의 간섭을 받지 않고 진정으로 들을 수 있는 고요한 공간이 생깁니다.

이것은 다른 사람이 존재할 수 있는 공간을 주는 것입니다. 그것이야말로 당신이 줄 수 있는 가장 소중한 선물입니다. 많은 경우 사람들은 상대방의 말을 들을 줄 모릅니다. 상대방이 말하고 있는 것보다 자신의 생각에 더 많이 신경 씁니다.

다시 말하자면 상대방의 말과 마음 그 밑바닥을 흐르고 있는 존재에는 전혀 주의를 기울이지 않습니다. 물론, 당신은 당신 자신의 존재를 통하지 않고서는 다른 사람의 존재를 느낄 수 없습니다. 그러니 이것이 하나 됨의 실현이요, 사랑의 시작입니다.

존재의 가장 깊은 차원에서 당신은 모든 삼라만상과 하나입니다. 대부분의 인간관계는 사실 마음의 교류입니다. 물질의 교류에 집착하거나 마음의 교류를 인식하지 못하는 한 존재와 존재의 교류인 진정한 영적 친교는 이루어지지 않습니다. 그런 식으로는 어떠한 관계도 성장할 수 없으며, 그래서 수많은 갈등이 빚어지는 것입니다.

마음이 삶을 지배하고 있을 때는 갈등과 다툼의 문제가 불가피하게 일어납니다. 하지만 당신이 내면을 드러낸 몸과 접촉하고 있는 상태에서는 진정한 관계가 꽃필 수 있는 무심의 빈터가 만들어집니다.

사람들은 저마다 자기만의 생각이 있습니다. 게다가 이 생각을 더 쉽게 표현할 수 있는 매체가 여럿 등장하면서 자기 생각을 말하는 목소리들로 세상이 떠들썩합니다. 그러다 보니 논쟁도 많습니다. 자기 생각을 주장하느라 치열한 댓글이 오가고, 어떨 때는 차마 입에 담기 어려운 말도 오갑니다.

하지만 그렇게 내세우는 주장이 과연 얼마나 옳은 것일까요? 그 생각이 절대 틀리지 않는다고 자신 있게 말할 수 있는 사람은 얼마나 될까요? 과연 내 생각이 절대 옳다고 평생 흔들리지 않는다고 자신 있게 말할 수 있을까요?

사람은 누구나 자기 생각을 말할 권리가 있습니다. 하지만 말할 권리가 있다고 해서 다른 사람의 생각을 무시하고 자기 생각만을 고집할 권리까지 있는 것은 아닙니다.

어떠한 조직에서든 목소리가 큰 사람의 이야기에 사람들이 쉽게 동조해 그것을 옳은 것으로 보고 다른 의견을 내는 사람을 무시하는 경우가 종종 발생합니다. 심한 경우에는 조직이 흔들리기도 하지요.

하지만 사람마다 아는 것이 다르고 본 것이 다르고 경험한 것이 다르므로 그 생각은 모두 독창적이며 이를 인정해야 합니다. 내 생각이 소중한 만큼 다른 사람 생각도 소중하기 때문입니다. 한 사람의 목소리에 동조하기보다 여러 이야기를 들어보고 어떠한 이야기가 더 나은 방향으로 이끄는 것인지 따져봐야 합니다.

영화감독은 영화 속 이야기를 창조하기도 하지만 영화를 만드는 많은 사람과의 현실 관계 속에서도 문제가 발생하지 않도록 하는 책임을 지닌 사람입니다. 저마다 옳다고 주장하는 목소리로 세상이 불행해질 때가 있습니다. 이럴 때일수록 다른 사람의 생각에 귀를 기울이는 현명한 태도가 필요합니다.

TIP

전부 버리는 순간 남는 것. 그게 바로 나 자신이다! 버리면 버릴수록 자신의 시야와 생각에서 잡음이 제거되고, 정말로 하고 싶은 것이 무엇인지 명확해진다. 인생은 불필요한 것들을 깎아내는 것으로 완성된다. 불필요한 것들을 깎아내다 보면 비로소 자신다움을 되찾게 된다.

1. 자기 자신에 대해 지레짐작하는 일을 멈춰라. 뭔가 행동하기 전에 생각하라. 하지만 당신이 행동할 때는, 결단력을 가지고 계속해서 당신의 삶을 살아가자. 이미 지나간 일들에서 당신이 옳은 행동을 했었는지 반복해서 되새길 이유는 없다. 모든 것을 멀리서 바라보면서 당신 스스로 이게 한 달 뒤에도 당신에게 문제가 될지 물어보라. 만약 그렇지 않다면, 그냥 그대로 놔두도록 하라.

2. 다른 사람들의 의견이 당신의 가치관과 자신감에 영향을 미치게 놔두지 말라. 당신이 계속해서 찬사나. 존경. 칭찬. 상과 같은 외적 요인을 찾아다닌다면, 당신은 결코 스스로 안정적이지 못할 것이다. 당신이 살아있는 동안. 누군가가 당신에 대해 부정적인 의견을 가지고 있다면 당신은 더 큰 스트레스를 받게 될 것이다. 그리고 더더욱 이 말은 사실이

될 것이다. 당신은 남의 의견을 조종할 수 없는데 왜 그것이 당신의 감정을 조종하게 놔두는 것인가?

3. '그 상황 속으로' 당신을 밀어 넣는 연습을 하라. 게임이 일어나길 기다리기보다는, 당신을 더 터프하게 만들기 위해서 당신을 어려운 상황 속으로 밀어 넣는 연습을 해보자. 그냥 아무 이성과 대화를 시도해 보자. 혹은 춤추는 사람들 사이의 중심에서 춤춰라. 아니면 블로그에 글을 써서 사람들과 나눠보라. 당신을 취약하게 만들어서 당신이 진정 필요할 때 다른 사람의 비판으로부터 면역력이 생기도록 만들어보라.

4. 당신을 진심으로 생각해주는 사람들은 당신을 언제나 도와줄 것이다. 당신을 표현하는 데에 있어서 절대 두려워하면 안 된다. 왜냐하면 당신을 위해 있어 줄 사람들은 언제나 그 자리에 당신을 위해 있어 줄 것이기 때문이다. 다른 사람들은 전혀 신경 쓸 필요가 없다.

5. 당신이 실수할 것이라는 사실을 인정하자. 그 누구도 완벽하지 않다. 그리고 만약 당신이 완벽할지라도 당신은 당신의 행동으로부터 오는 결과를 어떻게 조종할 수 없다. 그리고 당신이 그 결과들을 조종할 수 있을지라도 당신은 그 결과로부터 오는 사람들의 반응을 조종할 수 없다. 그리고 만약 당신이 그 모든 것을 조종할 수 있다면, 축하한다. 당신은 신이었다.

6. 당신의 성공사례에 초점을 맞추어라. 당신의 인생 어딘가에는 언제나 멋진 일들이 있었다. 그 일들을 끄집어내서 당신을 두렵게 만드는

것들을 대할 때, 당신에게 힘을 북돋을 수 있게 만들어라.

7. 행동을 취함으로써 두려움을 없애라. 전화 받는 것에 두려움을 느껴본 적 있는가? 당신은 계속 어딘가에 밀어 두며 걱정만 하고 있을 것이다. 아마 당신이 계속 미루게 만들 수 있는 다른 것들을 찾아다닐 것이다. 그리고 결국 당신은 당신을 밀어붙여서 전화를 걸긴 걸지만 최악의 상황을 벌써 생각하고 있다. 그리고 이게 별로 어려운 일이 아니라는 것을 알게 된다. 당신은 즉각적인 행동을 취함으로써 더 많은 스트레스로부터 벗어날 수 있었다. 무엇인가 한다는 것은 당신 마음속의 부정적인 목소리를 잠재울 수 있는 방법이다. 만약 당신이 남의 의견에 대해 걱정 된다면 그것을 걱정하고 있기보단 그 상황을 극복하기 위한 무엇이라도 해볼 생각을 하자. 그들에게 말을 걸어보라. 아니면 다른 사람들에게 이 상황을 말해보자. 일기를 써보는 것도 좋고, 당신이 좋아하는 것을 해서 넘겨버리는 것도 하나의 방법이다. 뭔가를 하는 것은 그냥 생각함으로써 계속 스트레스를 받는 것보다 몇 배는 나은 방법이다.

위에 언급된 팁들을 당신의 인생에 적용해보는 것을 강력하게 추천한다. 그렇게 하면 당신은 돌과 같은 자신감을 기를 수 있을 뿐만 아니라, 걱정 없는 인생을 살 수 있게 될 것이다.

당신의 훈련을 위해, 위에 언급된 것 중 하나를 골라서 오늘부터 시작해보자.

5. 영화를 비평하라

영화 비평에 도전해야 합니다. 물론, 본격적인 비평문을 쓴다는 것은 쉽지 않은 일입니다. 비평문이란 것이 반드시 작품 전체를 일관성 있게 풀어내야 하는 것은 아닙니다. 단 하나의 상징이나 코드라도 치밀하게 해석해낼 수 있다면 훌륭한 비평문이 될 수 있습니다. 또한 평론의 실마리를 작품 안에서만 찾으려고 할 필요도 없습니다. 오히려 시야를 넓힐수록 다양한 이야기를 꺼낼 수 있을 것입니다.

멋있다 · 슬프다 · 감동적이다 · 무섭다 · 잔인하다 · 비현실적이다 등, 일차적인 인상만으로 해석하고 마는 것 이른바 '인상비평'이나 '감상 비평'은 가장 초급 수준의 비평이라고 할 수 있습니다. 비평은 예술 작품을 대상으로 한 글이므로, 비평문을 읽을 때는 그 대상이 된 작품을 분석하는 습관이 중요합니다. 작품의 이면과 정보를 풍부하게 알고 있을 때 적극적인 분석이 가능합니다.

예술은 주관적인 속성이 강하기 때문에 그것을 대상으로 한 비평 역시 주관적인 판단이 개입될 수 있습니다. 이는 감독이 쓴 비평문과 평론가가 쓴 비평문을 비교해 보면 알 수 있습니다. 작품을 직접 창작하는 감독의 관점과 그것을 비판하는 평론가의 관점이 결코 같을 리가 없습니다. 또 예술의 현실 참여를 주장하는 사람과 예술의 순수성을 옹호하는 사람 사이에도 비평의 관점이 다를 수 있습니다. 이 같은 관점의 차이는 판단과 평가로 이어지기 때문에 비평문에서는 필자의 입장과 성향을 파악하는 일이 중요합니다.

각 예술 장르들은 표현하는 매체가 다른 만큼 저마다

고유한 성격과 양식이 있습니다. 예를 들면 언어를 매개체로 하는 문학의 특성과 선과 색을 매체로 하는 미술의 특성은 완연히 서로 다릅니다. 따라서 각 예술 장르의 특성을 알고 비평문을 읽으면 내용을 이해하는 데 큰 도움이 될 것입니다.

비평의 대상인 예술은 작가의 주관과 개성을 속성으로 만들어지지만 그에 대한 비평은 감정과 주관이 배제된 공정하고도 객관적이어야 합니다. 즉, 비평도 결국은 논증하는 글이므로 분명하고 확실한 객관적 기준에 의해 분석하고 평가해야 하며 논점의 전개 또한 정연해야 합니다. 직접 쓴 비평이 정당한 평가인가를 확인하기 위해서는 이러한 요건을 갖춘 글인가를 엄밀히 판단해야 하는데 특히 특정 작가나 작품을 편파적으로 옹호하는 주례 비평은 냉철하게 판단해서 가려내야 합니다. 이 경우 같은 감독이나 작품을 대상으로 한 다른 비평을 읽어 보고 서로 비교해 보는 것도 정당한 평가인지 판단하는 데 도움이 될 수 있습니다.

비평을 쓸 때는 그 작품을 선택하게 된 동기를 구체적으로 밝혀야 이후의 논의가 설득력을 갖습니다. 비평이 작품에 대한 단순한 설명이나 해설이 아니기 위해서는 주제의식이 뚜렷해야 합니다.

따라서 비평문의 서두에 어떤 작품을 대상으로 어떤 주제의 글을 쓸 것인지를 밝히는 것이 좋습니다. 텍스트에 대한 정확하고 충실한 소개가 있어야 합니다. 비평문을 쓸 때는 대상으로 한 작품의 작가, 창작 연월일, 발표 매체, 내용과 구성 등 텍스트를 이해하는 데 필요한 기본 내용을 정확하고 충실하게 소개해야 합니다.

이를 위해서는 텍스트를 자세하게 읽으면서 메모하는 습관을 익혀야 합니다. 작품 자체뿐만 아니라 작품을 이해하는 데 필요한 사회, 문화적 흐름이나 경향 등을 배경으로 제시해야 합니다.

하나의 텍스트는 독립적으로 존재하는 것이 아니라 그것이 나오게 되는 맥락이 있습니다. 특정 텍스트와 다른 텍스트와의 관련성을 찾고, 어떤 사회, 문화적 맥락에서 그 텍스트가 나왔는지를 찾아서 구체적으로 제시할 때 그 비평은 보다 강한 설득력을 갖게 됩니다.

작품을 비평할 때는 어떤 시각이나 방법이 그 작품을 가장 잘 해석하고, 평가할 수 있게 해 주는지 생각해야 합니다. 작품에 대한 접근 방법이 역사주의적인 방법인지, 형식주의적인 방법인지, 여성주의적인 방법인지가 정해지면 그 접근이 어느 정도 가능한지를 가늠해 본 후 그 방법을 택해서 좋은 점이 무엇인지를 밝혀야 합니다.

비록 구체적인 작품이 정해져 있다고 해도 일반적인 주제가 아니라 구체적인 주제로 범주를 좁히는 것이 좋습니다. 예를 들어 영화 〈장화홍련〉에 대한 비평을 쓴다고 할 때 영화 전반을 대상으로 하는 비평은 글쓴이의 시각이나 이론적 근거가 살아나기 어렵기 때문에 설명이나 해설에 가까워지기 쉽습니다.

자신이 선택한 방법론으로 범위를 좁히고 작품을 분석

한 뒤 그 작품이 가진 고유한 가치를 평가합니다.

텍스트 분석을 바탕으로 사회, 문화적 맥락에서 그 텍스트가 어떤 의의가 있는지를 밝혀야 합니다. 비평문을 쓸 때 가장 유의할 점은 비평 대상과 일정한 거리를 유지해야 한다는 점입니다. 텍스트에 지나치게 몰입하여 이야기하다 보면 글쓴이 자신이 정작 전달하고 싶은 것도 제대로 전달하지 못하게 되기 때문이죠. 예를 들어 영화 비평문을 쓴다고 할 때 영화를 보기 전에 영화의 제작 국가, 제작 연도, 영화감독 등 영화에 대한 기본 지식을 찾아보는 것은 좋은 글을 쓰기 위한 기본입니다.

작품을 보면서 중요하다고 생각하는 부분을 메모해 둡니다. 작품을 본 뒤에는 중요하다고 생각되는 부분을 정리해서 개요를 만들어 보기도 하고요. 개요를 정리하는 과정에서 이미 생각했던 아이디어가 더욱 구체화되기도 하고, 작품의 새로운 면을 찾아낼 수 있습니다.

비평문은 자신의 견해를 논리적으로 전개해서 읽는

사람에게 공감을 자아내고 또 작품에 대한 평가에 동의하게 하는 글쓰기라는 것 아시죠? 그래서 감정적인 동의나 설득보다는 논리적이고 명확한 논의를 통한 설득이 중요합니다. 글의 구성은 전반적으로 서론, 본론, 결론의 형식을 취하며 분량에 따라 몇 개의 장으로 나눌 수 있습니다. 이때 각 장의 제목은 구체적일수록 좋습니다.

TIP

예술 작품은 주관과 개성이 강한 만큼 감상에 어려움이 따른다. 특히 고도의 상징적 기법을 이용하여 쓰인 난해한 작품일수록 더욱 그러하다. 예를 들면, 이상(李箱)의 초현실주의 시 같은 경우가 그렇다. 이런 작품을 제대로 감상하기 위해서는 비평문의 도움을 받는 것이 좋다. 왜냐하면, 그 분야의 권위 있는 비평가의 글을 읽음으로써 미처 발견하지 못했던 작품의 진면목을 파악할 수 있기 때문이다.

그러나 이때도 필자의 견해를 무조건 수용하는 소극적인 독서 방법은 금물이다. 항상 비판적인 태도를 견지한 채 필자의 생각과 만나야 한다. 비평문을 읽을 때 유의해야 할 사항을 제시하면 다음과 같다.

1. 작품의 창작 의도가 무엇이라고 생각하는가?
2. 작품의 주제와 이를 표현하는 방법은 무엇인가?
3. 줄거리, 극적 구조, 상징, 성격화, 음향효과, 대사, 음악, 연기 등에 대해 정리해보자.
4. 연출 의도는 무엇이며, 어느 정도 성취했다고 생각하는가?
5. 이 작품의 혁신적인 방법을 수용했는가, 그 효과는 무엇인가?

6. 연출의 의도가 기술적인 면에서 잘 전달되었는가, 그렇지 않은가?

7. 연기자들의 연기가 어떠한가?

8. 어떤 부분에서 가장 인상적이었는가?

9. 주제, 기법, 소재 등의 측면에서 이 작품의 새로운 점은 무엇인가?

6. 영화에서 창조성을 끌어내라

"스스로 생각하지 않으면 실제로 얻는 것이 없다."

"나는 나 자신의 영상 문법에 따라 영화를 찍고, 우리의 시대에 걸맞은 이제까지 아무도 본 적이 없는 영상을 찾고 있다."

베르너 헤어조그는 그의 영화에서 항상 신체적으로 확신할 수 있는 힘을 요구하고 있었습니다. 영화의 신뢰성은 그에게 있어 거의 고통의 한계점까지 다다르는 실제의 체험에서 생겨납니다. 헤어조그는 그의 연출 스타일을 우선 '육체적인 작업' 이라 표현하고 있습니다. 그래서 대부분 산문의 형태로 쓰인 그의 시나리오들은 즉흥을

할 수 있는 여지를 많이 두고 있습니다.

우리는 영화의 호시절이 아닌 찬바람 부는 겨울을 보내고 있습니다. 너도나도 어렵다고들 난리지만 잘되는 영화는 계속해서 흑자를 내고 있고, 잘되는 영화는 여전히 관객들이 줄을 서서 기다립니다. 이들은 왜 경기가 나빠도 아무런 영향을 받지 않는 것처럼 보일까요?

요즘은 많은 사람들이 '창조성' 이야기를 합니다. 학교에서도, 사회에서도, 직장에서도 모두 창조성이 필요하다고 외칩니다. 책방에 가보면 창조성과 관련된 책이 한가득 쌓여있고, 홍보지나 광고를 보면 창조성을 개발할 수 있다고 외치는 수많은 교육기관을 만나볼 수 있습니다. 그러나 진정으로 창조성이 필요한 이유가 무엇인가요? 왜 창조성이 필요하다고 외치는가요? 세상이 창조성을 원하는 본질적인 이유를 살펴보면 단순히 남다른 생각, 튀는 생각, 혁신적인 발상 그 자체만은 아닙니다.

창조성은 우리가 직면한 문제를 현명하게 풀기 위해,

그리고 이를 통해 누군가를 행복하게 해 주기 위해 필요한 도구입니다.

사람들은 하루가 다르게 달라지는 세상의 변화에 지쳤고 무뎌졌습니다. 세상이 아무리 바뀌어도 변하지 않을 지혜를 좇아 책이나 영화에 매달리기도 합니다. 중요한 것은 대중은 세상을 살아갈 근원적인 어떤 욕망과 갈증의 해결을 늘 갈구한다는 사실입니다.

영화 현장에서 그리고 일상생활에서 쌓아온 경험으로 생각이 다른 사람은 어떻게 탁월함을 다듬어 가는지 이야기하고자 합니다. 공자는 "배우기만 하고 생각하지 않으면 실제로 얻는 것이 없다."라고 했습니다. 맹자는 "마음이 맡는 역할은 곧 생각하는 일이다. 생각하면 얻지만, 생각하지 않는다면 얻는 것이 없다."라고 했습니다. 성인들이 말하는 '생각' 이란 바로 '밝은 지혜' 를 말합니다.

지혜의 본질은 '정의와 진실을 밝히는 것' 이 아니라 '분쟁을 해결하고 해결을 이끌어 내는 것' 입니다. 당신이 아파트에 살고 있고, 위층에는 맞벌이 부부가 산다고 가정해 봅시다. 매일 저녁 늦게까지 세탁기 돌리는 소리가 나면 어떻게 하겠습니까?

당신은 여러 가지 '선택'을 할 수 있습니다. 당장 위로 올라가서 세탁기 소리 때문에 도저히 시끄러워 살 수가 없다고 언성을 높일 수도 있고, 변호사를 고용해 내용 증명부터 보내는 식으로 완고하게 나갈 수도 있습니다. 그러나 우선은 나긋한 목소리로 상대를 달래는 것이 우선입니다. 당신의 목적은 어차피 소음을 줄이는 것이지, 감정을 분출하는 것이 아니기 때문입니다.

스스로 과거에 대한 후회와 미래에 대한 불안에서 벗어나 "지금 이 순간 최고로 행복하다고 느낀 순간은 언제였던가?", "내가 진정으로 살아있다고 생생하게 느낀 순간은 언제였던가?"를 물었을 때, 가장 명확한 대답은 "그 순간은 바로 무언가에 '몰입'했을 때"일 것입니다. 그것이 영화든 스포츠든 간에 자신이 진심으로 좋아하는 일에 몰입했을 때 우리는 잠시나마 시공을 초월하여

'진정한 자신'과 만날 수 있습니다.

행복한 삶, 건강한 삶, 성공하는 삶을 사는 비법은 자명합니다. 그것은 바로 '지금 이 순간에 몰입하는 것'입니다. 지금 이 순간을 즐기지 못하고 몰입하지 못한다면 풍요로운 삶은 모두 영원한 꿈으로만 남게 될 것입니다. 풍요로운 삶을 꿈꾼다면 무엇보다 지금 이 순간을 즐겨야 합니다. 우리가 하는 일에 언제나 몰입하는 습관을 익혀야만 합니다.

대상에 몰입하게 되면 우리 내면에서는 의식과 무의식을 초월하여 긍정적인 힘이 나오게 됩니다. 대상에 100% 몰입하여 내면에서 의식이 발동하면 우리의 의식과 무의식은 신바람이 나게 됩니다. 시간이 가는 줄도 모르게 되고, 지금 이곳이 어느 곳인지조차 까마득히 잊어버리게 됩니다. 시간, 공간을 초월하여 자유로워지게 되는 것입니다.

이러한 의식이 우리 내면에 등장하게 되면 의식은 산란

함을 멈추고 고요해지며, 무의식은 과거의 고정관념과 습관의 구속을 떠나 새로운 생각과 행위를 하게 됩니다. 이러한 무한한 긍정의 상태, 무한한 행복의 상태를 맛보는 것이야말로 최고의 순간이 됩니다. 이렇게 의식이 우리의 내면을 휘감는 상태에서 창조성이 극대화됩니다. 이 상태가 바로 '창조'를 부르는 상태입니다.

창조적으로 사는 것은 매 순간 자연스럽게 행동할 수 있는 기회에 접근하는 것을 의미합니다. 그것은 가능에 마음의 문을 열어두는 것, 탐구하는 것, 자신의 본능을 믿는 것, 자신만의 독특한 스타일을 소유하고 표현하는 것을 의미합니다.

우리는 모두 창조성을 가지고 태어났습니다. 하지만 나이가 들어가면서 창조성을 잃어버릴 뿐만 아니라 그 후로는 창조성을 개발하겠다는 의식이나 기회를 가지지 못합니다. 자신의 내면에 파묻혀 있는 창조성을 발굴할 수 있는 가장 좋은 도구는 바로 몰입입니다. 몰입을 통해 속 깊은 곳에 내재되어 있는 창조적인 에너지를 발휘하고 나면 생활의 모든 면에서 깜짝 놀랄 큰 변화가 일어나게 될 것입니다.

당신의 두뇌와 창조성의 관계는 몸과 근육의 관계와 같습니다. 쓰면 쓸수록 더 강해지고 훨씬 탄력이 넘치게 될 것입니다. 창조성이라는 말은 개선이라는 말의 다른 이름입니다.

덧붙여 자신의 관심 분야에 오랜 시간 몰두하며 순수한 마음으로 사물을 바라보는 사람이 창조적 작업을 할 수 있습니다. 이때 중요한 것은 IQ의 수치가 아니라 상상력이나 지적 호기심 등 감성 지능입니다. 암기하고 이해하는 지적 학습도 중요하지만 음악이나 미술 혹은 시나 소설처럼 마음으로 느끼고 상상력을 발휘하는 감성적 학습도 창조성 개발에 중요한 요소입니다.

21세기는 문화의 시대, 창의성이 요구되는 시대입니다. 섬세한 감각과 창의적 생각이 문화를 만들어가고 영화의 발전을 결정합니다. 지능이 기질과 조합되고 환경이

다양한 경험과 접합될 때 다중 지능은 발달할 수 있습니다. 창조적 인간이 되기 위해서는 이제 다중 지능에 대해 관심을 가질 필요가 있습니다.

TIP

창조성을 발견하고 결과물을 만들어내는 7단계

시작은 그냥 마음이 가는 것을 좋아하면 된다. 하지만 감춰진 창조성을 발휘하고 '마음이 좋아하는 것'을 결과물로 만들어 내는 것에는 다음의 7단계를 통해 가능하다고 한다.

1단계 '상상하기'는 상상을 통해 창조성에 불을 붙이는 단계이며,
2단계 '마음속으로 그리기'는 상상한 꿈을 마음속으로 형상화하는 단계이다.
3단계 '계획하기'는 형상화된 꿈의 골격을 세우는 단계이며,
4단계 '심기'는 세워진 골격을 바탕으로 구체적 행동에 돌입하는 단계이다.
5단계 '돌보기'는 행동을 통해 눈앞에 펼쳐진 것들을 가꾸고 수정하는 단계이며,
6단계 '즐기기'는 나타난 결과물을 둘러보고 음미하며 공유하는 단계이고,
7단계 '완성하기'는 축하 의식을 거행하는 단계이자 다시 처음으로 돌아

가는 단계이다.

이 일곱 단계를 따라가다 보면 무조건 안 된다고 막는 자기 부정과 한계라는 마음의 검열관들을 지나 마음 깊이 원했던 인생의 청사진이 펼쳐지게 될 것이다.

7. 많이 봤으면 글쓰기와 만들기에 도전하라

잭 니컬슨이 등장한 멋진 영화 〈이보다 더 좋을 순 없다〉를 기억하시나요? 잭 니컬슨은 집착이 강하고 충동적인 데다 아주 끔찍한 성격으로 묘사됩니다. 그러나 우리는 공감합니다. '그가 집착이 강하고 충동적이더라도 나도 사실은 저런 사람인데...' 하면서 말이죠.

글을 쓰는 사람들은 실제로 만나면 좋아하지 않았을 인물들을 캐릭터화하고 인격을 창조할 수 있는 축복을 부여받았습니다. 그 인물의 깊은 내면에 숨겨진 인간성을 드러낼 수 있다면 나쁜 성격 임에도 불구하고 관객의 공감을 불러일으킬 것입니다.

글을 쓰는 사람들은 언제나 모든 좋은 요소들을 가진 놀랍고도 아주 매력적인 인물들을 만들어 내긴 쉽지만 그러나 그것이 반드시 관객의 공감을 산다고 할 수는 없습니다. 오히려 너무 비현실적이고 약점이 없는 캐릭터에 금방 싫증을 내거나 심한 혹평을 퍼부을지도 모릅니다.

좋은 글쓰기에 도전하는 일이란 매력이 없을 것 같은 인물에 깊은 인간성을 담아 숨겨진 매력을 만드는 것입니다. 글쓰기의 근원적인 욕망 중 하나는 정확해지고 싶다는 욕망일 것입니다. 그래서 훌륭한 작가들은 정확한 문장을 씁니다. 문법적으로 틀린 데가 없는 문장을 말하는 것이 아니라 말하고자 하는 바의 본질에 가장 가까이 접근하는 것을 의미합니다.

그러나 영화의 진실은 수학적 진리와는 달라서 100퍼센트 정확한 영화는 존재할 수 없습니다. 그렇다면 결국 영화는 언제나 '노력'으로만 존재하는 것일지도 모르겠습니다. 어떤 영화도 삶의 진실을 완전히 정확하게 표현할 수 없다면, 어떤 사람도 상대방을 완전히 정확하게 이해할 수는 없을 것입니다. 그러나 정확하게 표현되지 못한 진실을 가리켜 아프다고 말하지는 못해도, 사랑받지 못하는 사람은 확실한 고통을 느낍니다.

인간이 태어나는 순간부터 함께해 온 이야기, 우리에게는 너무도 익숙한 '이야기'라는 것은 우리가 모르는 사이에 인간의 역사를 만들고, 우리 삶의 방향을 잡고, 우리의 소비 사회를 주도해왔습니다. 그렇다면 어떻게 해서 '이야기'는 이토록 우리 삶에 영향을 미칠 수 있었던 것일까요?

바로 이야기에는 사람의 마음을 움직이는 힘이 있기 때문입니다. 미래학자 롤프 옌센은 이미 '드림 소사이어티'의 세상이 시작되었다고 말합니다. 우리는 소비자로서, 인간으로서 점점 이성에서 멀어져 더욱 자극적인 것을 원하게 됩니다. 그래서 끊임없는 이야기들이 미디어를 타고 쏟아져 나옵니다.

하루에도 온갖 종류의 영상들이 수없이 올라오는 동영상 사이트. 그곳에 올라오는 동영상들은 저마다의 스토리를 담고 있습니다. 그것들은 때로는 사회를 뒤흔들 만한 영향력을 가질 만큼 강한 이슈가 되기도 하고, 또 때로는 수많은 사람들에게 일파만파 퍼져 훈훈한 감동을 안겨주기도 합니다.

노래 한 편에도 스토리가 담기고 그 스토리를 더욱 잘 표현하기 위해서 뮤직비디오라는 장르가 생겨나기도 했습니다. 이제 '뮤직비디오 감독'이라는 직업도 스토리를 만들어내는 주요한 직업 중 하나가 되었습니다. 이제 스토리텔링을 배우지 못한다면 사람들을 설득할 수 없고, 설득할 수 없다는 것은 이야기를 만드는 당신이 원하는 것을 얻지 못한다는 의미와도 같습니다.

정보와 기술로 가득 찬 디지털 시대. 사람들은 오히려 정보가 아닌 이야기를 욕망합니다. 이야기로 나를 표현하고 나의 가치를 드러내는 것이 가장 중요한 소통 방식이 되었습니다. 상가들이 즐비한 시내 한복판, 똑같은 물건들이 넘쳐나는 가운데 사람들은 어떤 것을 선택하게 될까요?

나에게 말을 걸어오는 재미있고 나를 자극하는 이야기로 가득한 물건을 선택하게 되지 않을까요? 삶을 떠도는 수많은 이야기, 그들이 우리에게 건네 오는 수많은 유혹과 질문들. 우리는 오늘 또 어떤 이야기에 초대를 받게 될까요.

일단 재미있는 이야기의 기본 조건은 탄탄한 구조와 등장인물의 명확한 설정 등을 올바르게 활용하는 것입니다. 예를 들어 "왕이 죽고 나서 왕비도 죽었다."라는 평범한 문장보다는 "왕이 죽자 슬픔을 못 이긴 왕비도 죽고 말았다." 이러한 문장이 훨씬 감정이 들어가 있기 때문에 듣는 사람에게 더욱 풍부하고 감동적인 이야기가 되는 것입니다.

TIP

첫째. 영화 만들기를 배우는 가장 좋은 방법은 현장이다. 삶의 현장 속으로 뛰어들어라.

둘째. 자신이 생각하는 기본 틀은 명확하게 고수하되 현장에서 발생하는 여러 가지 변수들에 유연하게 대응하라.

셋째. 시나리오를 자신이 쓰든지, 꼭 그렇지는 않더라도 어떤 방식으로든 참여해서 자신의 것으로 만들어라.

넷째. 영화를 자기 자신을 위해 만들라.

8. 훌륭한 관객은 또 하나의 감독이다

흔히들 스티븐 스필버그, 오손 웰즈 같은 대가들에 대해 '관객을 아는 감독'이라는 말을 합니다. 그러나 그것은 '영화를 아는 감독'이라는 말과 다르지 않습니다. 영화의 필수 구성 요소로 감독, 배우와 함께 관객이 포함되는 건 결국 '영화를 안다는 것'과 같은 뜻이 되기 때문입니다.

영화는 신기합니다. 공에 공을 들여도 관객들의 무덤덤한 반응 밖에는 끌어내지 못할 때도 많지만 일단 호의적인 분위기만 형성되면 정말 그 흥행 가도는 멈출 길이 없습니다. 즉 작품이 좋지 않아서 재미없어하는 것을 마치 관객들의 부정확한 판단력 문제로 생각한다면 그건 억지라는 말입니다.

사실 영화에 있어 관객은 모든 것을 결정하는 요소입니다. 관객(觀客)을 그대로 풀이하면 '보는 손님'이 될 것입니다. 그러나 관객에 대해서는 그보다 훨씬 적극적인 해석이 필요합니다. 영화는 영상 이미지를 주요 전달 수단으로 한다는 데서 알 수 있듯 관객에게 우선 필요한 감각은 시각과 청각입니다. 의자에 앉아 영화가 상영되는 시간 동안 시각과 청각을 통해 들어온 정보를 알고 있는 모든 감각과 회로를 동원해 적극적으로 '보는 일'에 관여하는 태도야말로 관객이 영화에 개입하는 행위일 것입니다.

그러나 만약 어떤 관객이 극장에 앉아 있었지만 너무 피곤해서 잠만 잤다면 과연 그 사람을 관객이라 할 수 있을까요? 영화를 보러 왔는데 한국어를 전혀 모르는 외국인이었다면 그 사람도 관객이라 할 수 있을까요? 보고 듣긴 했지만 그것이 이해에까지 이르지 못했다면 그건 진정한 관객이 아닐 것입니다. 이렇게 관객은 상호 의미 전달을 전제로 관계가 형성됩니다.

이것을 좀 더 확대하면 작품이 너무 어려워 이해가 안 되거나 표현력이 떨어져 전달이 안 되는 상태까지 모두 비슷한 맥락으로 볼 수 있습니다. 그러나 여기서 오해가 없어야 합니다. 그 이해의 책임은 관객보다는 감독에게 있습니다. 적어도 관객들이 이해 못한다고 관객의 수준을 탓하기에 앞서 과연 전달이 얼마나 잘 됐는지 그 사실에 고민하고 반성하는 것이 옳습니다. 자기가 모르면 남들도 모를 것이 거의 확실하기 때문입니다.

그래서 관객은 작품이 이해 안 될 경우, 첫 번째는 감독이 작품을 잘못 만든 건 아닌지 의심해야 하고, 만약 작품이 세계적으로 이미 호평을 받았다고 하더라도 자신의 기준을 갖고 의심해야 합니다.

이런 맥락에서 소위 '예술 영화'를 거론하지 않을 수

없습니다. 순수 예술이니까, 또 고급 예술이니까 어렵고 난해한 게 당연한 것일까요? 천만에, 절대 아닙니다. 영화는 쉽고 재미있고 흥미로운 것입니다.

하지만 관객에게도 적용해야 할 규칙이 있습니다. 운동 경기를 보려면 규칙을 알아야 합니다. 규칙을 알아야 재미있게 볼 수 있기 때문입니다. 야구나 아이스하키, 골프 등의 규칙을 모르고 보면 재미가 없습니다. 이해가 없으면 진정한 관객이 될 수 없습니다.

영화는 유명한 작품일수록 어려운 경우가 거의 없습니다. 특별히 영화 문법을 잘 몰라도 오랜 세월 많은 관객들에게 각광받는 명작이 탄생됩니다. 다시 한 번 질문합니다. 영화의 주된 기능은 무엇일까요? 즉 왜 영화를 보는 것일까요? 그건 오락적 기능과 정화 작용입니다. 영화는 허구입니다. 사람들은 허구를 즐기기 위해 극장에 갑니다. 그렇다면 왜 허구를 즐기는 것일까요? 그건 일상의 탈피로 이해하면 됩니다. 주말에 등산을 가는 것도 일상의 탈피이고, 종교 생활도 일상의 탈피이고, 오락을 즐기는 것도 일상의 탈피입니다.

그렇게 일상을 탈피했다 현실로 돌아오는 것이 정신 건강에 훨씬 유리하기 때문입니다. 바로 정화 작용이 이루어진 것입니다. 정화는 새로운 출발을 도와줍니다. 주말 내내 집에서 잠만 잔 사람보다 어떤 형태로든 일상을 탈피했던 사람이 더 힘차게 일주일을 보낼 수 있는 것은 바로 이런 이유 때문입니다. 그런데 일상 탈피와 정화 작용이 이루어지려면 그 내용이 관객들을 끌어들일 수 있어야 합니다.

그러나 쉽다고 무조건 성공할 수는 없습니다. 재미가 있어야 하고 감동이 있어야 합니다. 쉬우면서 끌어들이는 힘, 그게 바로 재미입니다. 재미는 관심입니다. 관심이란 생각과 마음의 움직임을 수반합니다. 그 점에서 재미는 말초적 흥미와는 전혀 다릅니다. 말초적 흥미는 그 순간일 뿐 지난 뒤에 남는 생각이나 감동은 없기 때문입니다.

우리는 영화가 대중이나 영화관의 관객, 말하자면 어떤

양식에 따라 영화관에 가는 것으로 정의되는 '사회적 실천에 몰두하는 사람들'을 구성한다는 사실로 영화에 의식적인 관심을 가질 수 있습니다. 요컨대 영화 관객에 대한 이런 접근은 오히려 영화 관객들에 대한 복잡하지만 친절한 접근법이 될 것입니다.

TIP

영화에서의 관객

스크린에 일시적이고 동적인 그림자들만 움직이는 어두운 영화관에 두 시간 동안 틀어박혀 있게 만드는 욕망의 본질은 무엇인가? 우리는 거기서 무엇을 찾으려 하는 것일까? 입장료에 상응할 수 있는 것은 무엇인가? 이에 대한 답은 분명히 체념·고독·결핍의 상태라는 측면에서 찾아야 할 것이다. 영화 관객은 늘 영사 시간 동안 회복될 수 없는 어떤 상실감을 복원하는 것이 목적인 벗어나고 싶은 현실로부터의 피신자 일 수 있기 때문이다.

영화는 정신이 현실에 의미를 부여하는 것과 같은 방법으로 구성된 기록이다. 기억과 상상력은 시간의 압축이나 축소, 리듬의 개념, 플래시백, 꿈의 재현으로 몽타주의 발명 자체를 설명해줄 수도 있다. 영화의 감정은 이야기 자체에서 나타나는 것이다.

이렇게 영화는 전반적으로 주의력이나 기억처럼 심리학적 현상들을 통해 감정의 복합적인 단계에서 단순한 움직임의 환영으로 심리학적 메커니즘들을 모방함으로써 인간 정신에 호소하기 위해 만들어진 것이다.

영화는 외부 세계의 형식. 즉 공간·시간·인과성을 초월하여 사건들을 내부 세계의 형식. 즉 주의력·기억·상상력·감정에 맞추면서 우리에게 인간사를 이야기해 준다.

영화의 핵심적인 문제는 세계의 기계적인 재생 현상과 연관되어 있다. 영화는 자동적으로 우리의 감각기관에 작용하는 것과 유사한 느낌을 재생산할 수 있지만, 이런 과정을 정신적 과정의 중개 없이 이루게 된다. 즉 영화는 물질적으로 보이는 것을 다루지만 분명히 시각의 영역과는 무관하다고 말할 수 있다.

관객의 감수성을 최초로 활용한 것은 분명히 미국 영화감독 그리피스이지만 실제로 그 효과의 이론적 토대가 마련된 것은 유럽이다. 할리우드가 수많은 선전 영화를 만들었음에도 불구하고, 1917년 제1차 세계 대전에서 미국의 개입을 이데올로기적으로 정당화하고 옹호하기 위해 연출된 모든 영화를 상기해보면 알 수 있다. 이런 선전영화들은 결코 미국인들에 의해 제대로 분석되지 못했다.

심리학에는 감정이 어떤 움직임을 유발시킨다면 움직임의 모방은 그에 상응하는 감정을 불러일으킬 수 있다는 법칙이 있다. 사실 몽타주는 관객의 생각과 연상을 고의적으로 억압하는 수단으로 이해되어야 한다. 만약 몽타주가 정확하게 선택된 일련의 사건의 기능으로 구성되거나, 혼란스러울 수도 있고 평온할 수도 있는 개념의 방향을 결정하는 기능으로 구성된다면 그것은 제각기 관객을 흥분시키거나 평온하게 만드는 효과가 있을 것이다.

영화적 환영의 단계. 즉 영사 그 자체와 관련된 단계에서 시간의 인지는 객관적이고 측정이 가능하지만 관객 차원에서 보면 주관적이다. 그것은 관객이 '질질 끈다'거나 '너무 빠르다'고 판단할 때 문제가 야기되는 차원이다. 관객은 두 차원에서 이탈 현상을 느낄 수 있다. 예를 들어 스크린에 나타난 영상들이 빠른 가속화 현상을 드러낼 때 어떤 관객들은 가속화된 리듬을 따라가지 못하고 이탈하게 된다. 이런 경우에 관객들은 영화적 흐름을 이해하지 못하고 혼란스럽고 혼동되는 느낌만 받을 수밖에 없다.

—

4부. 영화 보기, 그 속에 길이 있다

—

　　　　　　　　　　　　　　　　　　　　　　　　　—

　　　　　　　　　　　　　　　　인종과 전통,

　　　　　　　　　식민과 피식민 체제를 초월하는

　　　　장 루슈의 본원적 박애 정신이 없었다면,

　　　　　　　신들린 제사장들의 거친 숨결은

　　　　　　결코 기록에 남지 못했을 것이다.

　　　　　　　　　　　– 다큐멘터리를 봐라. Tip 중에서

　　　　　　　　　　　　　　　　　　　　　　　　　—

1. 미래를 위해 나만의 영화 베스트 100을 선정하라

영화가 역사의 기록을 남긴다!

『나만의 영화 베스트 100』은 모든 시대와 장르를 통틀어 반드시 보아야 할 영화를 선별한다는 커다란 모험을 감행하는 일입니다. 현존하는 수많은 '가장 위대한', '최고의', '가장 인기 있는', '가장 뛰어난' 영화를 선별하고, 다시 감독뿐 아니라 배우, 각본가, 촬영감독, 작곡가 등을 모두 고려하여 고른다면 그 자체로도 의미 있고 미래의 감독이 되는 최고의 지름길이 될 것입니다.

좋은 영화는 중심 이야기를 흔들지 않으면서 새로운 캐릭터를 끊임없이 만들어 냅니다. 한 편의 영화가 인생이 된다고들 말합니다. 그만큼 잘 만들어진 영화에는 인생의 기쁨과 슬픔, 그리고 그것을 통한 삶의 진리까지 오롯이 담겨있습니다. 좋은 영화는 온몸이 눈이고 귀인 것처럼 세상의 빛과 소리를 향해 활짝 열려 있는 인생의 방향제이기도 합니다.

벼락처럼 가슴에 꽂히는 영화를 만나고, 그것을 통해 새로운 세상을 만나는 일이 얼마나 중요한가요. 하지만 아이들과 함께 즐겁게 감상하고, 이야기를 나눌 만한 영화를 찾기가 쉽지 않습니다. 평론가가 추천하는 영화들은 아이들에게는 따분한 영화가 되기 쉽고, 아이들이 보고 싶어 하는 영화는 지나치게 상업적인 영화인 경우가 대부분입니다.

어린 시절에 보았던 영화를 떠올려 보면 이상하게도 영화의 줄거리는 떠오르지 않고 그 영화를 보았던 상황이나 느낌만이 마치 사진처럼 선명하게 떠오릅니다. 아마도 그 이유는 청소년기의 영화는 영화 그 자체가 중요하기보다 그 영화를 보며 내가 어떠한 생각과 느낌이 들었는지 하는 순간의 감정이 더 중요하기 때문일 것입니다.

세상을 보는 또 하나의 창인 '좋은 영화'를 선정하는 것은 영화를 통해 세상을 바라보고 자신 또한 감독의 꿈을 잃지 않는 소중한 작업이 될 것임을 확신합니다. 지금 바로 자신만의 영화를 선정하고 기록하길 진심으로 바랍니다.

2. 영화 속에서 제2의 인생을 만들어갈 수단을 찾아라

당신은 영화에서 어떤 즐거움을 발견하나요? 그 즐거움은 단순한 쾌락이 아니라 영화를 보는 즐거움, 영화를 나누는 즐거움, 그리고 영화로 교류하는 즐거움을 의미합니다.

인간에게는 여러 가지 욕망이 있습니다. 유아기에는 배설하는 행위나 어머니의 젖을 빠는 것으로 욕구를 채울 수 있지만, 시간이 지나면서 우리는 이것만으로 욕구를 채울 수 없다는 걸 알게 됩니다. 인간의 욕구가 성욕과 물욕 등으로 진화하게 되는 것이죠. 물론 이런 욕구들은 유아기와 같은 연장선상으로는 볼 수는 없고, 인간의 성장 단계에서 나타나는 욕구의 여러 형태로 나타납니다.

우리가 태어날 때 어떤 모습으로 보일지 규명하고 조절할 수 없지만, 외모는 우리의 삶을 통해 다른 사람들과의 관계를 결정짓기도 합니다. 그래서 우리는 일생 동안 내적인 이상을 비출 수 있는 외모를 가지고 고군분투하며 노력하지만 현대의 의학 기술로도 쉽게 만족을 얻지는 못합니다.

긴 머리 가발을 쓰고, 성형수술로 코를 세우며, 지방흡입술로 배와 허벅지의 살을 빼는 것은 우리가 야생 그대로의 자연을 정원으로, 공원으로 만들어 버리는 것과 같습니다. 인간이 자연을 변형시키듯 우리는 미학적인 만족을 위해 육체의 외형을 바꿉니다. 문화적 기준의 미(beauty)에 맞추기 위한 인간의 육체 변형 그리고 자연의 변형은 궁극적으로 자연을 자연 그 자체로부터 멀어지게 할 뿐입니다.

'미적 열망'이야말로 인간에게 동기를 유발함과 동시에 그 자체로 우리 자신과 환경의 시각적 표현에 의해 여러 가지 삶의 동기를 부여받는 존재라는 점을 인식하게 해 줍니다.

시대는 너무 빠르게 변화하고 있습니다. 이렇게 급격한 속도의 세상에서 살아가는 대중들에게 쉽게 접근하기 위해 젊은이들은 SNS나 블로그로 대표되는 디지털 매체를 늘 곁에 두고 있습니다. 디지털 매체를 통해 대중들과 좀 더 쉽게 접근하고 소통하고자 하는 것이죠.

치명적인 매력을 지닌 매혹적이고 위험한 여인 팜므파탈은 여성들의 감추어진 욕망, 누구나 다 품고 있을 법한 스타가 되고 싶은 욕망, 남성을 압도하는 섬뜩한 매력과 강인한 흡인력, 이러한 것들이 흔히 볼 수 있는 기호를 통해 표현되고 현대의 관점으로 변형된 형태로 재현됩니다.

이전 시대 팜므파탈을 현시대 여성이 직접 재현함으로써 정체성을 찾고, 보는 이에게는 대리 만족을 느끼게 합니다. 하지만 이런 질문을 던져 보고 싶습니다. 누군가의 편집을 거쳐 보이는 것이 과연 진실일 수 있을까요? 사회나 대중매체를 통해 습득되고, 학습된 우리의 눈과 생각은 이미 온전한 우리의 것일 수 없기 때문입니다. 우리가 어떤 대상을 바라볼 때 우리 스스로는 그것이 내가 바라보는 진실이라고 생각하지만 우리는 우리의 눈이 아닌 학습된 눈으로 대상을 이미 편집한 상태로 바라보고 있는 것인지도 모릅니다.

우리는 스스로 보고 판단한다고 믿고 있지만 그것이 온전한 내 것인지, 이미 학습된 우리의 것인지 곰곰이 생각해봐야 합니다. 어린 시절부터 우리는 TV나 영화 등 대중매체를 통해 간접적으로 학습돼 왔습니다. 매체를 통해 그것이 진실인 듯 아무 의심 없이 받아들이고, 우리 안에서 또 다른 진실을 만들어 냅니다.

영화는 내 안에서 끊임없이 대화하고 생각을 만들어주는 매체입니다. 그렇기 때문에 많은 사고를 밖으로 분출하려는 욕구를 갖게 됩니다. 영화는 기록보다는 창조의 의미를 갖습니다. 비현실적인 상황을 거쳐 새로운 이미지와 환영을 만들어내기 때문입니다. 이러한 작업은 또다른 나 자신이 직접 할 수 없는 여행을 하는 것과 같습니다. 여행은 끝을 알 수 없습니다. 점점 성숙해져 가는 동안 그 목적지가 바뀔 수도 있습니다. 하지만 나를 찾아 떠나는 여행만은 결코 끝나지 않아야 합니다.

희망과 사랑, 슬픔, 아픔이 함께 공존하는 세상, 상상에서만 존재할 것 같은 세상. 세상에는 흑과 백만이 존재하는 것이 아닙니다. 영화를 통해 다양한 상념과 철학적인 사색에 한 번쯤 깊이 잠겨볼 수 있기를 바랍니다. 단정 지을 수 없는 어느 미미한 것에도 의미를 부여할 수 있는 가능성을 열어 상상의 틀에 대한 여유를 가졌으면 좋겠습니다.

지금 이 순간에도 누군가의 마음이 담긴 수많은 영화들이 우리 주변을 맴돌고 있습니다. 행복한 사랑 이야기, 가슴이 시리도록 슬픈 이야기, 애절한 아픔이 묻어나는 이야기처럼 말입니다.

'삶은 의무가 아니라 권리' 라고 하는 것은 우리의 삶이 도덕적인 규범에 의해 구속되는 것이 아니라 인간의 자유의지에 의해 당당히 선택되는 것임을 의미합니다. 반대로 '삶이 권리가 아니라 의무' 라고 하는 것은 우리의 삶이 인간의 자유의지에 의해 결정되는 것이 아니라 도덕적이고 종교적인 규범에 의해 결정된 대로 받아들이는 것이라는 의미입니다. 우리는 행복하게 살 의무가 있는 것일까요, 아니면 행복하게 살 권리가 있는 것일까요?

인간은 많은 종류의 시스템과 사물을 연결하는 틀을 통해 실존합니다. 이러한 세상의 틀을 보고 우리는 지금을 살아가고 존재한다고 믿습니다. 영화는 지극히 개인적인 생각들의 기표들입니다. 어떠한 명확한 주장을 하려는 것이 아니라 다른 무엇이 되었든 간에 그것의 본질에 대한 고민을 해보게 하는 것입니다.

동시대를 살아가는 우리라는 존재는 과거보다 더욱더 현실 그 자체의 이미지들에 침전되어 있습니다. 거대한 이미지들의 홍수 속에 방대하게 노출돼 본질과 권력, 이상에 대한 1차적인 고민을 잊고 사는 건 아닐까요.

영화는 삶의 반영입니다. 좁고 우울한 계단을 따라가면 나를 반길 따뜻한 햇살이 기다려 주길 바라며 끊임없이 달려온 나의 과거입니다. 누워 있어도 잠들지 못했으며 눈을 뜨고 있는 순간에도 피사체를 찾아 헤맨 나입니다.

우리가 사는 사회는 거대한 이미지에 의해 왜곡된 형태로 존재하고, 그 왜곡들은 진리와 사실을 대신해 존재합니다. 많은 영화들의 소재가 기술적으로나 역사적으로 숭고한 가치와 제의적 가치를 지니는데 집중되어 왔습니다. 그리고 이러한 경향들은 지배적 이데올로기에 예술이 종속되어 작용하는 것을 의미합니다. 예술적 가치가 인정되는 조선백자나 고려청자는 실제로는 무엇을 담는 용도로 만들어졌지만 아무것도 담겨있지 않은 채 존재합니다. 이 작업은 실생활에서 최소한의 미적 가치마저 배제된 것을 의미합니다.

말이라는 것은 형체가 없어서 그 표현이 힘들지만 어린

시절 상상해 왔던, 영화를 통해 말을 표현할 수 있습니다. 누구나 어린 시절 한 번쯤 상상했을 것들, 토이 스토리의 인형들처럼 말입니다. 사람들이 차마 입 밖에 내지 못하는 말을 대신하고 있는 물건들에 대한 상상, 하지만 그것을 상상으로 끝내지 않고 물건들에게 말을 하게 만듭니다. 그 물건들이 하는 말이 곧 제목이 되며 영화를 보는 사람들은 물건들이 하는 말에 공감하고 말을 대신하고 있는 물건들을 통해 통쾌함을 느낍니다. 마치 내가 생각지 못한 다른 말들을 영화를 통해 떠올리고 그 말을 하는 물건이 자신의 것처럼 느껴집니다.

우리는 누구나 말을 합니다. 사람은 자신의 감정을 상대방에게 전달하기 위해 언어를 만들었고 언어는 그 역할을 충실히 수행하는 것처럼 보입니다. 하지만 우리는 정말로 하고 싶은 말을 얼마나 하고 있을까요? 누구나 말을 하지만 우리에겐 정작 하지 못하는 말들이 너무나 많습니다. 감사하다는 말, 미안하다는 말, 힘이 든다는 말, 사랑한다는 말, 목구멍까지 차오르는 말들을 결국 입 밖에 내지 못하는 경우가 허다합니다.

귀를 기울이길, 당신이 잠든 사이 당신의 물건들이 속삭이고 있을지도 모릅니다. 당신이 정말 하고 싶었지만 차마 하지 못했던 말을 대신하고 있을지도 말입니다.

3. 모든 영화에는 배울 것이 있다

사람들은 거울을 통해 자신의 모습을 확인하고 인식하며, 단장합니다. 마찬가지로 저는 영화를 찍으며 만들어가는 과정과 완성된 작품을 통해 저 자신의 모습을 확인하고 발견합니다. 영화로 나를 비추는 것은 물질로서의 단순한 거울이 아닌, 내면의 거울이며 그 속에서 내 존재를 확인합니다.

영화로 바라보기의 시작은 대상과의 교감 또는 피사체와의 동질감이 느껴지는 순간을 기록하는 것에서부터 시작합니다. 그리고 그 대상을 바라보는 저의 눈은 저만의 감정과 감성을 갖고 접근합니다. 그 대상은 우리가 흔하게 볼 수 있는 거리의 분위기나 사물 등 아주 평범한 것들입니다.

영화를 거울로 보기란 나의 생각과 관점을 정리시키면서, 영화라는 매체를 통해 풍기는 나의 관점을 해석하는 작업입니다. 순간 번득이듯 내 삶 속에서 강하게 부여되거나 소외되는 존재성에 대한 진실들, 이 진실들은 눈앞에 보이는 것만이 아니라 권력, 과거, 기억, 성, 욕망 같은 보이지 않는 정신적이고 관념적인 것들로 가득하며, 나는 이런 순간들을 간직하고 영화로 담아내려 합니다.

한 공간 속에서 조작되어 프레임으로 설정된 영화들은 어떤 불확실하고 주관적인 무수한 시간을 내포합니다. 믿음을 가지고 본다는 것은 우리 자신을 통해서 축복받는 것입니다. 영화 〈매트릭스〉가 다루는 것은 단지 가짜와 진짜가 혼란스럽게 뒤섞여 생기는 문제가 아닙니다. 이 영화는 가짜가 진짜를 대치하고, 맞서고, 통제하고, 지배하는 끔찍한 상황에 주목합니다. 물론 여기서

'현실'이라는 말은 의미가 없습니다. 가짜와 진짜 사이는 아무런 차이가 없기 때문입니다.

이 둘 사이에 차이가 없어지면 독재자가 국가를 제멋대로 통치하듯이 가짜도 그런 잔인한 독재자가 되어 진짜들을 무자비하게 억압하는 세계를 상상해 볼 수 있습니다. 영화는 그러한 상상력을 소재로 삼습니다.

영화에서 아직 발견하지 못한 것들을 발견하게 하는 '다른 시각'은 영화의 경험과는 별도로 그 자체로 아름답고 감동적인 것입니다. 깊이 있는 통찰을 흡수한 채 영화를 보는 것, 이것만큼 제대로 영화를 공부하는 방법은 없을 것입니다.

영화와 사귀는 법을 처음부터 다시 배워야 합니다. 여기서 사귐이란 영화를 감상이 아닌 만드는 사람으로서 만난다는 것을 뜻합니다. 관객으로서 영화는 오직 감독의 뜻을 읽어낼 뿐이지만, 만드는 작가로서는 스스로 그 의미를 만들어낼 수 있습니다. 감상은 닫혀 있으나 감독은 열려 있습니다. 창작은 때때로 고통을 안겨주기도 하지만 그럼에도 불구하고 영화는 언제나 즐거움을 줄 수 있습니다.

4. 영화와 끊임없이 대화하라

21세기가 도래한 이후부터 여러 가지 조건으로 인해 우리 시대 영화들은 어쩌면 빠르게 사라지고 있는지도 모릅니다. 21세기 이후 새롭게 나온 영화 중 상업성이 약하다는 이유로 국내에 수입조차 되지 않은 작품들이 정말로 많아졌습니다. 왜 동시대의 영화들이 극장을 통해 안정적으로 상영되지 못하는지 생각해봐야 합니다.

비가 온다는 것이 즐거운 이유는 푸른 하늘을 뒤덮은 먹구름으로 적나라하게 드러나던 모든 것이 흐릿해지기 때문입니다. 추적거리는 빗소리와 낯설게 느껴지는 비 비린내는 저 멀리 이국의 무언가를 떠올리게 하곤 합니다. 변덕스러운 파리의 날씨나 북유럽의 앙상하게 마른 신경질적인 사람들, 그런 기억들은 마치 위험한 장난마냥 연이어 다른 기억을 함께 끄집어냅니다. 신기하게도 기억이란 쉽게 변질됩니다. 특히나 영화가 들려주는 이야기는 언제나 앞뒤가 뒤바뀌곤 하지만 결국 비슷한 이야기의 반복입니다. 밤새도록 함께 있고 싶은 간절한 마음, 되뇌게 되는 연인의 따뜻한 배려는 바보 같은 실수로 한순간에 끝나버리고, 후회하는 마음을 안고서는 담담해질 수밖에 없습니다.

수많은 사람들은 삶에 대한 기억을 되새기며 살아가곤 합니다. 삶이란 인간의 모든 애환이 담긴 공간이자 세상을 살아가는 것을 말합니다. 언제부턴가 저는 삶과 기억에 관해 집중하기 시작했습니다. 나의 경험에서 나오는 것들이 몸의 한 부분에 스며들기 시작했기 때문입니다.

인간의 삶과 기억의 모습을 찾기 위해 다른 사람들과 대화하고, 나의 기억과 타인과의 추억 그리고 타인의 삶에 관해 재조명하기 시작했습니다. 그 삶과 기억이 사회적으로 중요하든 혹은 하찮든, 각자에게 그 중요성은 모두 다르기 때문에 각각의 사람들과의 대화는 삶과 기억을 구축하기에 이르렀고 나를 통한 타인의 인생에 대한 기록은 이러한 대화를 통해 이미 시작되고 있었습니다.

이미 오래전, 영화의 정복자들로부터 세계는 산산이 부서지고 조각조각 난 세계의 일면들은 이제 제 자리가 아닌 곳에 아무렇게나 덕지덕지 붙어있습니다. 세계의 몽타주, 그것에 아름다움을 느끼는 건 우리 또한 다르지 않기 때문입니다.

일상의 풍경들은 단순한 존재의 가치를 넘어 익숙하지 않은 색다른 시각과 감정으로 나와 소통합니다. 일상적 풍경 속의 인공물과 자연물들은 땅의 지표면 선을 시작으로 끊임없이 연결되며 각각의 형태와 감정을 지닌 또 다른 이질적인 대상으로 다가옵니다. 내가 밟고 있는 땅을 시점으로 바라본 주위에는 아무도 없는 적막함, 고요함, 평온함만이 존재하고 마치 땅의 기운을 흡수해 발산

하는 에너지의 자극과도 같은 아우라를 느끼게 합니다.

촬영이란 단순히 담는 행위로서의 맺음이 아닌 장소와 공간에서 느낄 수 있었던 감정의 소통을 시간상으로 함축하는 일이 되어야 합니다. 기억하고 싶은 욕망으로 동일함 또는 유사한 색감, 톤의 가공 과정을 통해 현실적인 존재의 대상들은 또다시 재탄생되어야 합니다.

공간의 리얼리티와 감정의 충돌은 새로운 대상으로 인식되며, 이상과 현실 속의 충돌은 또 다른 표현의 연속입니다. 사람들은 영화를 보고 울고 웃고 감동을 받는 것뿐 아니라 그 안에서 우정을 쌓아가고, 사랑하고, 세상을 바꿀 용기를 얻습니다. 영화와 삶은 이렇듯 서로 긴밀하게 영향을 주고받습니다.

〈태양은 가득히〉에서 주인공은 좋은 영화를 이렇게 정의합니다. "나 대신 울어주고, 웃어주고, 불의와 싸워주는 단순하고 알기 쉬운 것"이라고 말이죠. 사실 이 정의는 인생이나 사람들의 관계에서도 똑같이 적용될 수 있습니다. "현실의 거짓과 타협하지 않고, 허식에 속지 않으며, 스스로 생각하여 자신만의 길을 걸어간다. 그리고 언제 어디서나 용기를 잃지 않고 되도록 즐겁게 살아간다."는 철학이 녹아 있는 문장입니다.

언제부턴가 '시네마테라피(cinematherapy)'라는 말이 보편적으로 통용되고 있습니다. '영화 치료' 혹은 '영화를 통한 힐링' 정도로 번역되는데, 영화를 통해 마음의 감옥에서 벗어나는 법이라 할 수 있습니다. 한 편의 영화가 전문상담사와의 대화만큼 유익한 자기 치유가 될 수도 있는 것입니다.

여기서 핵심적인 것은 영화를 통한 '치유(healing)'와 그를 통한 '변화(transformation)'이며, 그것은 결국 영화가 우리에게 안겨주는 '마법(magic)'입니다. 바로 그 마법이라는 측면에서 영화 속 사건 혹은 인물이 처한 상황을 마치 자신의 이야기로 받아들이는 감정이입은 매우 중요합니다. 그것이 누군가에겐 꿈결 같을 것이고, 또 다른 누군가에겐 지옥으로 느껴질지도 모릅니다. 그렇게 영화와 심리는 마법처럼 한 몸으로 만납니다.

우리가 사진이나 미술의 특정한 이미지 혹은 영화를 볼 때 이유 없이 끌리거나 이론으로는 설명되지 않는 계시가 느껴지는 것은 그 날카로운 감정을 공유하기 때문입니다. 특정한 영화를 보고 그것이 무엇을 의미하는지 금방 이해할 수도 있지만 오직 보는 이 혼자만이 느끼는 절대적이고 개별적인 감정의 에너지는 매우 큽니다. 한 영화에 대해 저마다 좋아하는 장면이 다르고, 별점을 0개부터 10개까지 다 다르게 매길 수 있는 것처럼 사람들이 특정 영화에 대해 느끼는 '필(feel)'은 천차만별입니다. 그래서 영화 감상을 넘어 '영화로 세상을 읽는다'는 말처럼 더 나은 영화 감상을 위해 중요한 것은 교감과 해석입니다. 결국 영화도 아는 만큼 보이는 것입니다. 영화 세상과 현실은 결코 동떨어져 있지 않음을 인식해야 하며, 남들이 보지 못한 자기만의 해석을 더 할 때 비로소 나만의 영화가 완성됩니다.

5. 창조적으로 봐야 주제가 보인다

저는 영화 작업에 굉장한 즐거움을 느낍니다. 이런 즐거움은 창작 과정에서 중요한 부분이기 때문입니다. 창작은 나를 앞으로 나아가게 하고 스스로를 단련시켜주고 세상에 대한 나의 지각력을 키워줍니다. 영화를 하면서 저는 스스로를 제어하고, 순응하는 법을 배웁니다. 이런 과정에서 즐거움과 재미를 느낍니다. 제 영화의 총체적인 의도는 사람들의 눈을 밝히는 일에 앞장서는 것입니다.

개별 감독의 작품들처럼 장르에도 우리가 많은 것을 배울 수 있는 발전 단계가 있습니다. 모든 장르는 관행

(convention)과 쇄신(invention)의 혼합이며 이러한 혼합은 장르 감독들이 사회적 논평과 비평을 목적으로 오락 형식을 어떻게 의식적으로 조작하는지 설명해줍니다.

우리가 스타일이나 내용을 단지 사실적이라고 받아들인 다면 우리는 거기에 대한 가장 중요한 비평적 질문들을 하지 못하게 될 것입니다. 영화 형식, 스타일, 내용의 어떤 양상도 영화 이론가들이 제기하는 분석적 질문의 범위 밖에 있는 것이 아닙니다. 영화 관람은 방금 본 영화에 대해 자신 혹은 타인과 대화를 나눔으로써 완결됩니다. 아니, 어쩌면 영화 자체가 잠정적으로 완성되는 자리도 극장일 것입니다.

우리는 영화를 통해 우리 사회에 얽혀 있는 불안, 아픔, 무기력 등을 만나게 됩니다. 사람들이 영화관에서 공감을 얻는 까닭은 영화라는 친숙한 매체에서도 찾을 수 있겠지만 무엇보다 잃어버린 자신과 조우할 수 있는 기회를 마주할 수 있기 때문입니다. 우리는 자신의 모습을 확인할 때 거울을 보는 것처럼 마찬가지로 자신이 가진

두 번째 얼굴, 표면적 얼굴의 이면에 숨겨진 정신적 얼굴을 바로 보기 위해서는 정신을 비추는 거울이 필요합니다. 그 역할을 바로 영화가 하는 것입니다. 영화 속에서 우리가 공감하고 비판했던 장면들 하나하나가 자신을 비추어 내는 거울이라는 사실을 깨달아야 합니다. 영화에 비친 '낯선 자신'의 모습을 발견하게 도와줍니다. 영화는 우리가 엉켜버린 자아의 끈을 정돈하고 자신의 모습을 직시하여 앞으로 나아갈 수 있는 힘을 얻게 해줍니다.

영화에서 발견한 불안한 시대를 살아가는 돌파구로 "우리가 불안한 것은 자유로운 존재이기 때문이다." 영화 「뱀파이어와의 인터뷰」에서 불안하다는 것은 앞일이 어떻게 될지 모르기에 생기는 감정이기도 하지만 역설적으로 앞으로 나아갈 원동력이 된다고 말할 수도 있습니다.

'아담'은 사과를 따 먹을 수 있지만 그것을 따 먹었을 때 어떤 문제가 생기는지 알지 못하기에 그 가능성 앞에서 불안함을 느끼며 불안의 대상이 무엇인지도 이해하지 못합니다. 따라서 불안은 무(無)일 수밖에 없습니다. 앞으로 무슨 일이 일어날지 아무것도 알 수 없는 무에서 인간은 실존적 불안을 느끼는 것입니다.

불안과 절망은 인간으로 하여금 새로운 세계로 나아갈 수 있는 가능성을 제시합니다. 불안은 모든 인간이 겪어야 하는 본래적인 것입니다. 만약 인간이 초월한 존재 즉, 천사라면 불안을 느끼지 않을지도 모릅니다. 하지만 인간은 실존하는 자유로운 존재이기에 불안을 느낄 수밖에 없으며, 더 깊은 불안을 느낄수록 인간은 더욱 위대해집니다. 불안은 구원으로 나아갈 수 있는 가능성 자체입니다.

영화는 현실을 반영하는 하나의 예술입니다. 인간은 왜 영화를 보는 걸까요? 매년 수많은 영화가 만들어지고 수많은 사람들이 영화를 봅니다. 돈을 벌기 위한 수단이라는 이유만으로 영화를 제작하는 게 아닐 것이며, 단순히 시간을 때우거나 엔터테인먼트를 즐기기 위해 영화를 관람하는 것만도 아닐 것입니다. 제작비가 부족함에도 불구하고 영화를 만들기 위해 노력하며 관객들 역시 영화를 보고 눈물 흘리고 웃으며 공감을 형성하기도 하고 화를 내기도 합니다.

그건 모든 영화에 '내'가 있기 때문입니다. 컷과 컷이 이어져 장면을 만들고 장면의 연결을 통해 영화를 만들어내는 과정은 한 인간의 삶이 역사로 흘러가는 모습과 닮아 있습니다. 영화에는 삶과 인간의 가장 드라마틱한 순간이 담겨 있습니다. 영화는 인간의 가장 집약적인 고민과 갈등을 풀어내려 애씁니다.

영화를 본다는 것은 결국 '나 자신'을 찾아가는 과정입니다. 그리하여 '나'에서 '너'를, '너'에서 '우리'를, 그리고 마침내 '세계'를 읽어내는 통찰력을 길러주는, '자신과 세계를 잇는 문의 작은 손잡이'가 되는 것입니다.

6. 고전영화 부자가 진짜 부자다

문학을 탐구하기 위해 도서관을 가듯이 영화에 있어서 고전 영화는 절실히 필요합니다. 고전 영화는 문화 다양성에 대한 보급로이자 한 시대의 기록입니다. 고전 영화를 본다는 것은 영화의 새로운 가능성을 새롭게 발견해내는 한편 이를 중심으로 다양한 논의와 폭넓은 영화 창작의 기반을 구축함으로써 궁극적으로 영화를 새롭게 창작하려는 강한 의지의 표명입니다.

영화에서 고전은 다른 예술들과 비교하자면 조금은 애매한 의미를 지닙니다. 영화의 고전이 태생적으로 이미

현대성을 지니고 있었던 탓입니다. 통상적으로 고전은 1950년대 이전의 영화를 통칭해 부르는 용어입니다. 스타와 장르의 결합, 서사의 투명성과 명백함, 사실성, 인과관계, 통일성, 서술적 표현 등으로 대표되는 고전 영화의 특권적 고향은 역시 할리우드입니다.

또한, 영화에서의 고전은 대중의 공통적 감정을 표현한 영화라 할 수 있습니다. 영화의 고전은 영화사적 가치는 물론이고, 수십 년이 흐르고 나서도 대중들의 기억에 남아 있는 시간을 견딘 견고한 작품들이기도 합니다. 하지만 대부분의 영화사에서 고전들은 지금의 상업적 배급을 통해서는 상영될 기회가 거의 없었습니다. 이런 현실 속에서 '할리우드 고전 컬렉션'은 영화사의 고전을 온전히 필름으로 소개하기 위해 만들어졌습니다.

손쉽게 영화를 볼 수 있다고 말하지만, 고전 영화와 상당수의 예술 작품들을 극장에서 마음껏 감상하기란 쉽지 않은 일입니다. 물론 현시점에서의 새로운 영화들 또한 마찬가지의 운명에 처해 있습니다. 뛰어난 작가들의 작품 상당수가 아직 우리에게 제대로 도착조차 하지 못한 상태입니다.

1940년대에 등장했던 범죄와 음모의 세계를 다룬 일련의 미국영화들에 대해 프랑스의 영화 비평가들은 자기식의 멋진 용어를 선사했습니다. 이 시기 범죄 영화들의 어둡고 우울한 톤과 냉소적이고 염세적인 분위기를 지칭하기 위해 '어두운 영화' 라는 뜻에서 그 영화들을 이른바 '필름 느와르' 라고 불렀습니다.

느와르 영화는 무언가 잘못되어 버린 세계 속에 사는 주인공들을 다룹니다. 그들은 주로 치명적인 아름다움을 지닌 여인들에게 매혹되어 음모의 미로를 헤맵니다. 이처럼 두려운 세계 속에서 '불안의 향기' 를 더하는 것은 필름 느와르의 독특한 스타일이었습니다. 짙은 그림자를 강조하고 숙명적 분위기를 두드러지게 하는 조명이라든가 질식시킬 듯한 프레이밍 등이 영화를 보는 관객들을 불편하게 하는데 매우 효과적으로 도움을 주었습니다.

영화사적으로 볼 때, 느와르 영화는 앞선 미국 영화들이 가진 시선 속에 내재된 일종의 단절을 보여 주었습니다. 느와르 영화의 이른바 '미국적 표현주의'는 할리우드 고전 영화의 조화로운 '하얀 세계'와 대척점에 위치하는 것이었고, 또 느와르 영화의 불안한 세계는 미국적 정체성의 혼돈을 보여주는 것이었습니다. 그리고 아마도 그런 점들이 느와르 영화를 미국 영화사에서 가장 매혹적인 일군의 영화들로 만들어 준 주요한 요인들이었을 것입니다.

미국의 서부극은 그 기원이 영화의 기원과 일치하는 유일한 장르이자, 오랫동안 중단 없이 만들어지는 장르 영화 중의 하나입니다. 서부극은 신화의 세계, 법과 국가, 그리고 공동체의 탄생에 대한 특별한 주제를 담아내면서 가장 오랫동안 관객들의 사랑을 받았던 영화입니다. 1940년대 존 포드의 고전적 서부극은 존 웨인이라는 미국의 영웅을 탄생시켰고, 이어 1950년대 전후 암울한 미국의 분위기를 반영한 새로운 서부극이 탄생하며 동시에 등장하는 영웅 또한 변모해갑니다.

1950년대와 60년대를 대표하는 서부극의 거장 샘 페킨파는 서부 개척이 낭만적인 모험이 아니라 영토 확장을 위한 침탈이었음을 폭로하는 '수정주의 서부극'으로 서부극 장르를 혁신한 감독입니다. 샘 페킨파는 〈와일드 번치〉, 〈대평원〉과 같은 작품에서 목가적인 신화의 세계가 아니라, 지치고 비열한 떠돌이 무법자들로 들끓는 서부의 세계를 보여줍니다. 그러면서 샘 페킨파는 서부의 신화를 회의하는 동시에 가장 시적이면서도 폭력적인 서부 황혼의 풍경을 담아내고 있습니다. 이처럼 고전 영화 감상은 영화의 경로를 살펴보는 흥미로운 기회가 될 것입니다.

저는 영화감독이 되기 위해서는 반드시 고전 영화의 흐름을 알아야 한다고 생각합니다. 과거의 풍성한 영화적 신비와 경이로움은 영화라는 산을 넘어 인간의 삶 그 자체입니다. 110년을 맞은 영화들 중 현대 영화의 흐름을 획기적으로 바꾼 영화들을 확인하고 새롭게 고전 영화를 재발견하는 즐거움을 느껴보시기 바랍니다.

7. 영화란 무엇인가?

영화란 무엇인가? 국내 영화 학계에서도, 영화 비평가와 영화 마니아 사이에서도, 영화 관련 서적에서도 이 치열한 질문은 그간 적잖이 도외시되어 왔습니다. 사실 영화는 철학, 사회, 문화, 정치, 역사 등 각계의 학자들 사이에서 가장 모던하고 시의성 있는 사유의 텃밭이었습니다. 소위 지금의 영화는 영화(작품)에 불과해 보입니다. 영화가 영화 자체에 대한 질문을 던지고 사유할 기회는 턱없이 모자라 보입니다.

영화에 대한 연구는 어느 관점에서, 어느 방법론으로

영화를 연구하든 영화 이미지의 본질과 특성에 대한 기본적인 이해가 바탕이 되어야 합니다.

영화 이전에 사진이 있었습니다. 모든 종류의 이미지 중에서, 사진은 현실을 상기시키는 데 가장 정확하고 풍부한 무엇이었습니다. 앙드레 바쟁이 언급했던 것처럼 그래픽적인 윤곽을 충실하게 존중하면서 도덕적으로 결코 나무랄 데 없는 유일한 것이었습니다. 왜냐하면 사진이 재현하는 것은 복제를 위한 기계적 과정을 통해 얻은 결과물이고, 깨끗한 필름 위에 인화된 대상 그 자체이기 때문이었습니다.

하지만 너무도 현실과 흡사한 사진의 재료만으로 사진을 논하기에는 충분하지 못했습니다. 시간이 부재했고, 입체감을 느끼게 하는 무언가가 부족했고, 일반적으로 삶의 동의어처럼 생각되는 움직임의 느낌이 부재했습니다.

그런데 영화는 등장과 동시에 이 모든 부족함을 한 번에 메워버렸습니다. 게다가 미처 예상하지 못했던 부분까지

더했습니다. 즉 관객이 스크린에 나타나는 움직임을 볼 때, 이는 단순히 그럴듯한 재현의 일종이 아니라 온전히 현실성을 확보한 움직임 그 자체였습니다. 최고의 반전이라고 할 수 있는 특성은, 영화의 이미지가 사진과 완전히 동일한 이미지였지만, 너무나 현실적인 움직임이 더해져 그 이전까지 볼 수 없었던 힘을 지니게 되었다는 점입니다.

영화를 가리켜 "모든 논쟁에 특권적인 공명상자"라고 일컬었던 세르주 다네의 표현에서도 알 수 있듯, 20세기 서구 유럽에서 영화는 모든 사유의 물결을 집약하는 저수지였습니다. 생기를 불어넣은 영화는 연극과 스틸 사진의 계보를 훌쩍 뛰어넘어 버렸습니다. 영화는 상영 도중에 무대를 넘나들 듯 시간을 초월합니다.

사실 기억이라는 것은 명증한 사실의 종합이 아니라 스스로도 파악하지 못한 주관적 감정의 덩어리라고 볼 수 있습니다. 똑같은 사건을 경험하더라도 각 개인이 그 안에서 느끼는 감정은 다를 수 있기에, 한 가지 사건 속에도 여러 기억이 존재할 수 있는 것입니다. 더욱이 기억은 견고한 토대 없이는 항상 일부를 잃어버리고 다른 것으로 변해버리는 특징을 가집니다. 과거에 긍정적이었던 기억이 아무 이유도 없이 부정적으로 바뀌는가 하면 부정적이었던 기억이 현재의 변해버린 생각으로 인해 긍정적으로 바뀌기도 합니다. 따라서 잃어버린 시간을 되찾는 것은 상당히 어려울 수밖에 없습니다. 하지만 잃어버린 시간에 담긴 감정 자체가 사라지는 것은 아닙니다. 그 순간의 감정은 강한 유대를 가진 무언가를 통해 다시 살아나기도 합니다. 사랑했던 이유는 생각나지 않더라도 그 순간의 감정이 다시금 나타났을 때 과거는 현재에서 재현됩니다. 과거의 감정은 지금 이 순간에 의미를 더해 줍니다.

자신이 보고 싶은 풍경을 향해서 무리하지 않는 작은 보폭으로 멈추지 않고 걷다 보면 내면의 목소리가 스스로 진정 원하던 곳으로 데려다줄 것이다. 버리면 버릴수록 자신에 대한 믿음이 생기고, 시야는 또렷해지며, 머릿속 잡념이 사라지면서 진짜 하고 싶은 일이 명확하게 떠오를 것이다.

행복은 쟁취하는 것이 아니라 발견하는 것이다! 삶의 곳곳에서 행복을 찾아 탐닉하라!

많은 이들이 행복이라는 말을 진부하게 받아들입니다. '행복은 가까운 곳에 있다', '행복은 마음먹기에 달렸다' 등 행복에 얽힌 수많은 명제들에 질린 탓입니다. '좋은 말이지만 나와는 상관없는 이야기'라고 생각하기에 감동을 받지도, 삶에 적용하려 하지도 않습니다. 치열한 생존 경쟁에서 살아남기 위해 매일 고군분투하는 이 시대의 사람들에게 행복은 일상과 동떨어진 '한가한 소리'일 뿐입니다.

나는 행복이란 무엇인지 정의 내리고 싶지 않습니다. 행복을 반드시 쟁취해내야 하는 삶의 목표로 거창하게 생각하지도 않습니다. 그저 나 자신에게 기쁨을 줬던 일상의 어느 순간들, 그 순간에 느꼈던 감정들을 유쾌하게 생각합니다. 화려하지 않아도, 대단하지 않아도, 조금은 시시해 보인다 해도 웃고 즐길 수 있다면 그걸로 충분합니다. 일상에 숨어 있는 소소한 것들에게 작게나마 만족감을 느끼는 그 순간, 그 자체가 행복이라 생각합니다.

첫째, 타인에게 관심을 갖는다. 그들의 좋은 점을 찾아 칭찬하는 습관을 기른다.

둘째, 일상 대화 또는 대중 앞에서의 연설에서도 힘 있고 설득력 있는 목소리로 말하는 습관을 기른다.

셋째, 배우고 생각하지 않으면 얻는 것이 없다.

넷째, 애매한 정보로는 아무것도 할 수 없다. 구체적으로 사고하라

다섯째, 의문을 품으면 진짜 세상이 보인다. 직시하라

'무엇을 더 가질' 것인가 보다 더 중요한 것들, '무엇을 남길 것' 인가.

8. 다큐멘터리를 봐라

최근 세계 영화계의 두드러진 경향 중 하나는 '다큐멘터리'입니다. 그동안 다큐멘터리라고 하면 불편한 진실을 소재 삼아 계몽적인 접근을 통해 소수의 팬들만이 공유하는 문화로 존재했던 것이 사실입니다. 물론 최근의 다큐멘터리들 역시 우리 사회의 그늘진 곳을 향해 진실의 카메라를 밀착하고, 고발의 성격을 띤다는 점에서 소재의 변화는 큰 폭으로 느껴지지 않습니다. 오히려 다큐멘터리를 바라보는 관객의 인식이 변화했다고 말하는 편이 더 옳겠군요. 그것은 급속도로 폐쇄적으로 흘러가는 최근 우리 사회의 분위기가 자연스럽게 가져온 결과일 것입니다.

사회 비리에 대한 감시 역할을 수행하던 TV 시사고발 프로그램의 기능이 불순한 의도를 가진 세력에 의해 현저하게 약화되기 시작하면서 진실을 알고 싶어 하는 국민들의 욕구는 커져만 갔습니다. 그런 상황에서 좀 더 자유로운 창작 환경과 소재에 대한 입체적인 접근이 가능한 극장용 다큐멘터리에 대한 관심이 높아진 것입니다. 이에 더해, 소재의 무거움에 함몰되지 않고, 관객의 몰입도를 높이기 위해 다양한 형식의 실험과 사례의 활용으로 재미를 높인 점 역시 최근 다큐멘터리의 주요한 특징이라고 할 것입니다.

이들 영화가 다루는 소재는 우리 사회에서 첨예한 이슈가 될 만큼 논쟁적인 소재로 익숙하게 다가올 것이라 생각됩니다. 또한 겉으로 드러난 사회적 현상의 이면을 들추는 이들 작품을 통해 우리 사회를 작동하는 시스템의 실체를 알 수 있다는 점에서도 최근의 다큐멘터리는 주목할 필요가 있습니다.

사람마다 추구하는 삶의 가치는 다르며 바라보는 관점은 다양합니다. 하지만 가까이에 있는 중요한 것들을 잊으며 살아가는 경우가 더 많습니다. 언제나 성공보다 가까운 곳에서 피어나는 행복을 소중히 하라고 충고합니다. 하지만 우리는 더 넓고 더 깊은 성공만을 좇다 정작 가까이에 있는 중요한 것들을 놓쳐버리고 맙니다. 그 아쉬움은 성공이 던져주는 숙제이자 성공을 버려야 하는 과제이기도 합니다.

사실 성공이라는 내면에는 가까운 곳에 행복이 있다는 진실이 숨겨져 있습니다. 반면 가까이에 있는 행복에 만족하지 못한다면 성공과 꿈은 더 이상 찾아내지 못할 것입니다. 그것은 느닷없이 허황된 욕심 혹은 욕망으로 탈바꿈합니다. 성공을 사전적 의미로 중심이 되는 중요한 곳이라고 해석한다면 행복은 큰 꿈과 희망의 높이를 표현합니다.

사람들은 넓고 높은 하늘을 보며 꿈과 희망을 품습니다. 그리고 그것을 이루기 위해 많은 시간과 노력을 투자하며 바쁘게 살아갑니다. 하지만 언제부터인가 흐름 속에 묻혀 행복의 순간과 순수한 마음조차 잊어버리며 삽니다.

시간은 빠르게 흘러가고 세월이 지나면 정작 가까이에 있는 소중한 것들을 놓칩니다. 놓치기보다는 잊어버립니다. 그리고 아무렇지도 않은 듯이 당연한 일로 마음을 잡습니다.

어떠한 사건이나 사실에 대해 설명할 때 가끔 거짓이 진실보다 편리한 경우가 있다는 것을 종종 느낍니다. 진실은 설명하려면 할수록, 들춰낼수록 구차해지기 마련입니다. 결정적으로 진실은 우리를 불편하게 만드는 힘이 있습니다.

사람들이 서로를 의지하고 살아간 이래로 거짓말을 하게 된 것도 진실의 불편함 때문일지 모릅니다. 작게는 사소한 감정의 흔들림에서 크게는 사회적, 역사적 갈등, 신념에 이르기까지. 우리는 자신이 믿고 싶은 만큼의 허용치를 적당히 한계 짓고 그 외의 것들은 모두 거짓으로 바라보고 있는 것은 아닐까요?

영화 보기의 효과는 오래전부터 전해온 화두이기도 합니다. 영화가 영혼을 순화하고 우울함, 불안감, 긴장감 따위를 해소한다는 주장은 이미 정설이 된 지 오래입니다. 마음속에 억압된 감정의 응어리를 영화를 통하여 표출함으로써 정신의 안정을 찾는다는 주장은 감정 에너지에 자양분을 공급해 왔습니다.

영화는 심상의 표현이자 시각 이미지로 구현되는 활동입니다. 그것은 또 다른 소통의 방식이며 무엇보다 창조 본능의 발산이라는 점에서 치유의 효과를 만들어 냅니다.

흔해빠진 영화에 주의를 기울여 달라 요구할 수는 없는 노릇입니다. 조금이라도 더 주목받기 위해서 영화가 선택하는 것은 다시 비열한 현실이지만, 이때 현실은 이미 이른바 초현실입니다.

그 결과 흥미롭게도 현실을 초현실 영화가 뒤덮기 시작

하고 그러나 우리가 여전히 이들 영화에 익숙해지지 못하자, 여기에 또 한 번의 역전 현상이 일어난 듯 보입니다. 낯설고 기이한 그러나 난해한 영화들은 이제 친절하고 감사하게도, 낯익고 평범한 그러나 매혹적인 이미지로 관객의 시선을 끕니다. 그중에서도 가장 낯익고 평범한 그러나 가장 가엾고도 가증스러운 수식이 '치유'와 '해방'입니다. 약 백 년 전 초현실주의자들의 퇴행과 유행이 똑같은 수식을 달고 그러나 과거와는 전혀 다른 의도를 갖고 돌아왔으니, 이 또한 과연 초현실적입니다.

인간의 눈은 사진과 달라 순간순간 들어오는 빛에 반응하기 때문에 희미한 대상은 제대로 보기 어렵습니다. 더구나 눈에는 명암을 보는 세포와 색채를 보는 세포가 있는데, 어두운 환경에서는 색채를 보는 세포가 작동하지 않습니다.

"나는 다만 다가갈 뿐이고, 우주는 원래 거기 있었듯이" 존재한다는 것 자체가 이미 하나의 특별한 사건이 아니던가? 이제 영화의 초입에 서 있을 뿐입니다. 그 사건이

기뻐할 일인지 슬퍼할 일인지는 그것을 바라보는 나의 시선에 달려있고 곧 내 영화 그 자체입니다.

'생각할 수 있는 범위 안에서 완전하다고 여겨지는 상태는 현재에 있지 않다' 는 말은 스스로의 불안함이고 이 상태를 기억하길 바랍니다. 영화는 생각 이상으로 복합적이고 전문적인 지식을 요구하는 활동이 아닙니다.

저는 사람들에 관심이 많고 그들의 고독한 영혼을 보고 기록하는 것을 좋아합니다. 이전에는 그들에게 더욱 가까이 다가가려 했지만 요즘에는 피사체가 위치한 공간을 더욱 의식하게 되었습니다.

흰색이나 검은색의 평면을 배경으로 하기도 하고, 프레임 안의 아주 작은 부분만을 담기도 하며, 또 어떤 때는 아예 프레임 안에 피사체를 담지 않을 때도 있습니다.

눈 위의 발자국, 창문 사이로 비치는 고독한 한 줄기의 빛, 문 앞에 놓인 신발 등 사람의 존재 흔적을 담는 영화입니다. 저는 억지로 아름답거나, 이상하거나, 슬퍼 보이게 하려고 의도하지 않습니다. 단지 그들의 있는 모습 그대로를 포착합니다. 때론 저의 피사체(사람)들이 지나치게 수줍어하거나, 자의식에 빠져드는 것을 막기 위해 자연스러운 분위기에 그들 자신을 맡길 수 있도록 내버려 두기도 합니다.

저의 영화들은 지극히 사실적인 사람들의 인생과 각각의 순간들을 무겁고 어두운 톤으로 표현하고 있습니다.

중요한 것은 '왜' 인 것입니다. 영화에 담긴 이미지와 스토리는 프레임 속에 갇혀 있는 풍경입니다. 프레임에 가두는 그 상황은 내면의 무엇과 통하는 순간입니다. 영화는 기억을 담지 못합니다. 다만 기억의 이름으로 현존할 뿐입니다. 그렇기에 프레임에 가두는 순간의 이미지에 집착할 수밖에 없는 것입니다. 사실 영화를 통해 무엇인가를 찾고 싶어 했는지 모르겠습니다. 저 끝에는 무언가 있을 것 같다는 기분이 들었습니다. 저기까지만 가면 끝이라는 생각도 들었습니다. 영화의 대상도 변하고,

이것들이 제게 주는 의미도 변하고 있습니다.

좋은 영화란 공감대를 형성할 수 있는 사실성(reality)과 현실과의 또 다른 괴리를 가지는 독특함(oddness)이 잘 조화될 때 매력을 가지게 됩니다. 그 독특함이란 작가의 상상력 표현에 달려있습니다.

꽃이 향기를 내고, 자신을 아름다운 색으로 물들이고, 맛있는 꿀을 갖는 것은 외모를 과시하기 위함이 아닐 것입니다. 많은 꽃 중에 자신에게만 벌이 다가오게 하고 화분을 묻힌 벌이 다른 꽃에 날아가 수정시켜 열매를 맺거나 씨앗을 만들어 다음 세대를 이어나가기 위함입니다. 꽃은 씨앗으로 땅에 뿌려져 싹을 틔우고 꽃을 피우기까지 자기 스스로 인고(忍苦)의 시간을 보냈을 것입니다.

제 영화의 출발점은 거의 무의식적인 행위에 확신을 가지고 시작합니다. 영화의 행위 과정 그 자체를 중요하게 생각해야 합니다.

TIP

다큐멘터리 작가 장 루슈는, '시네마 베리테' 영화의 개척자로 누벨바그를 촉발시키고 영화를 통해 인류학과 민속학을 연구했던 학자로도 유명하다. 그는 1940년 말부터 50여 년 동안 1200여 편의 영화를 만들었고, 80년대 후반부터는 시네마테크 프랑세즈를 이끌기도 했다. 식민지를 바라보는 1세계인들의 정형화된 시선을 거부하고 아프리카의 친구가 되었던 장 루슈는 2004년 니제르에서 세상을 떠났다.

장 루슈 Jean Rouch (1917~2004)

박사학위를 받은 뒤 순수한 민속학자로 출발했던 장 루슈는, 1941년부터 니제르와 세네갈에서 연구 작업을 수행하기 시작한다. 1941년 처음으로 카누를 타고 니제르를 여행한 루슈는 이듬해부터 다큐멘터리를 만들기 시작한다. 로버트 플래허티의 영화적 방법론을 존경했던 장 루슈는, 16미리 카메라로 자신만의 영화 민속학을 구축해 가기 시작한다. 그의 카메라는 자주 접신한 이들의 춤과 의식, 축제에 시선을 기울였고, 〈신들린 제사장들〉을 비롯한 이 영화들은 아프리카에서 금지

당하기도 했지만 폭발적인 관객 반응을 불러왔다. 루슈의 인류학적인 접근 방법은 점점 더 영화 내 인물들에게 밀착해 갔고, 자신이 직접 카메라를 들고 촬영하고 녹음하며 그에 필요한 물리적인 조건을 실현해 냈다. 핸드 헬드로 버티며 긴 플랑 세캉스를 촬영해내고 연속성 안에서 이를 보여주는 그의 초기 영화 방법론은 이후에도 크게 변하지 않는다. 그는 곤충학자를 연상시키는 집요한 시선으로 곧잘 급격한 상황 변화를 포착하며, 동시성과 즉흥성을 살린 내레이션을 즐겨 쓰면서 단언성과 중립성에 반기를 든다. 〈인간 피라미드〉에서는 백인도 흑인만큼 감시당하며, 〈조금씩 조금씩〉에서는 파리인들의 생활을 니제르인들의 기준으로 평가한다. 장 루슈는 이렇게 '주관적 영화'의 흐름을 만들어 나갔으며, 에드가 모랭과 함께 '시네마 베리테'의 대표작으로 불리는 〈어느 여름의 기록〉을 만들고, 〈처벌〉, 〈북역〉, 〈내가 본 파리 시리즈〉 등에서는 시네마 베리테의 방법론을 픽션과 논픽션의 경계에까지 밀어붙여 실험한다. 그가 아프리카를 편애했다거나 기호품으로 소비했다는 견해가 있는 것도 사실이지만 인종과 전통, 식민과 피식민 체제를 초월하는 그의 본원적 박애 정신이 없었다면 신들린 제사장들의 거친 숨결은 결코 기록에 남지 못했을 것이다.

영화감독의 길

· · · · · · · ·

민병훈　　　　　러시아 국립영화대학을 졸업했으며 1998
년 〈벌이 날다〉로 테살로니키국제영화제 은상. 토리노국제영화제 대상,
비평가상, 관객상. 코트부스국제영화제 예술 공헌상, 관객상. 아나파국제
영화제 감독상 등을 수상했으며 2001년 〈괜찮아, 울지마〉로 카를로비바
리국제영화제 특별 언급상, 비평가상. 테살로니키국제영화제 예술 공헌
상을 수상하였다. 2006년 〈포도나무를 베어라〉로 부산국제영화제 PPP
코닥상을 수상하였으며 2014년 〈터치〉로 마리클레르영화제 특별상 수
상 및 가톨릭 매스컴상 수상과 함께 영상자료원 올해의 영화로 선정되기
도 했다.

2015년 부산국제영화제와 함부르크국제영화제에서 〈사랑이 이긴다〉가
상영되었으며 또한 〈펑정지에는 펑정지에다〉는 전주국제영화제 및 실크
로드국제영화제, 서울독립영화제 등에서 초청 상영되었다. 2017년 단편
〈설계자〉는 네마프국제영화제 개막작으로 상영되었으며 〈황제〉는 부산국
제영화제에서 월드 프리미어로 상영되었다.